本书的出版得到沈阳师范大学资助

交易成本
理论、测量与应用研究

张雪艳　著

中国社会科学出版社

图书在版编目(CIP)数据

交易成本理论、测量与应用研究/张雪艳著.—北京：
中国社会科学出版社，2016.6
ISBN 978 - 7 - 5161 - 8477 - 6

Ⅰ.①交…　Ⅱ.①张…　Ⅲ.①交易成本—测量—
研究　Ⅳ.①F713

中国版本图书馆 CIP 数据核字(2016)第 146141 号

出 版 人	赵剑英
责任编辑	刘志兵
特约编辑	张翠萍等
责任校对	芦　苇
责任印制	李寡寡

出　　版	中国社会科学出版社
社　　址	北京鼓楼西大街甲 158 号
邮　　编	100720
网　　址	http://www.csspw.cn
发 行 部	010 - 84083685
门 市 部	010 - 84029450
经　　销	新华书店及其他书店

印　　刷	北京金瀑印刷有限责任公司
装　　订	廊坊市广阳区广增装订厂
版　　次	2016 年 6 月第 1 版
印　　次	2016 年 6 月第 1 次印刷

开　　本	710×1000　1/16
印　　张	12.75
字　　数	216 千字
定　　价	45.00 元

凡购买中国社会科学出版社图书,如有质量问题请与本社营销中心联系调换
电话:010 - 84083683

目　　录

前　言

　　诺思在《经济学的一场革命》(2003) 中说："作为最直接的形式，交易成本是解释经济绩效的关键。"交易成本的"财产权"文献和"新古典主义"文献是深入理解交易成本理论的基础。能否准确计量交易成本的大小会直接影响到交易成本理论对现实的解释能力，微观交易成本各种测量方法虽然缺少统一性的规律，仍处于个案的测量阶段，但很多学者做了各种尝试，取得了一定的进展。宏观交易成本的测量研究，包括交易行业方法和交易价格指数方法已被应用到多个国家进行验证，取得了令人满意的效果。中国关于交易成本理论、测量和应用研究近年来逐步展开，中国经济取得了巨大的成就，就是因为体制改革降低了单位交易成本，提高了经济效率，增加了交易数量，扩大了经济总量，奇迹般地保持了 30 多年的增长。在新的经验发现的基础上提炼和发展理论，并以此开展更有价值的经验研究，理论和经验互相促进，是推动交易成本理论和实际应用不断前进的重要前提。

第一章　交易成本理论

　　交易成本理论是新制度经济学的核心范畴和理论基础。交易成本概念的界定直接关系到交易成本测量的可行性和准确性。也许与经济学其他基本概念（如生产成本、利润）一样，寻找具有可操作性的、为学术界公认的交易成本定义，是一项长期而艰巨甚至永远没有完结之日的工作；也像量化生产成本、利润一样，在寻找更科学定义的长期过程中，交易成本的测量也随之进行、发展和不断完善。

第一节　"交易"的含义

　　弗鲁博顿和芮切特说"加深对交易成本理解的一种方法就是慢慢来，首先是思考交易这一基本术语的含义"。[①]

　　古希腊的思想家亚里士多德在《政治论》中第一次建立了"交易"（transaction）这个经济学范畴。他指出有三种"致富技术"：交易、畜牧业、矿冶和采伐业。他把交易划分为三种：商业交易、贷钱取利（即金融交易或货币交易）和雇用制度（即劳动力交易）。亚里士多德已将交易与生产畜牧业、矿业和采伐业这样的生产活动区别开来。

　　制度经济学的代表人物康芒斯于 1934 年在《制度经济学》中把

---

　　①　[美] 埃里克·弗鲁博顿、鲁道夫·芮切特：《新制度经济学——一个交易费用分析范式》，姜健强、罗长远译，上海三联书店、上海人民出版社 2006 年版，第 57 页。

交易与生产相对应，认为生产活动是人对自然的活动，交易活动是人与人之间的活动，二者共同构成人类全部的经济活动，所以，交易作为人类经济活动的基本单位，是经济学研究的组成部分。与交换的概念不同，康芒斯的交易不再以实物为对象，"不是实际'交货'那种意义上的'物品'的交换，它们是个人与个人之间对物质的东西的未来所有权的让与和取得，一切取决于社会集体的业务规则"。康芒斯进一步区分了三种类型的交易：（1）买卖的交易，即人们之间对财产所有权的转让，这是商品的市场交易；（2）管理的交易，即法律规定的上级对下级的管理，上级拥有发号施令的权力，下级必须服从，这在企业中表现得最为明显；（3）限额的交易，有权参与确定的某种限额交易，一般表现为政府管理。康芒斯将市场、企业和政府都纳入交易的分析框架，使各种不同形态的活动都具有交易的性质，交易最终体现为人与人之间权利的交换。这三种类型的总和就是康芒斯所谓的"制度"①。康芒斯将交易看作使法律、经济学和伦理学有相互关系的单位，必须本身含有冲突、依存和秩序这三项原则，所谓"冲突、依存"指的是人与人之间"一种又相互依存又有冲突的关系"，而"秩序"则是指能够使人们达到一个"预期的必然性"。显然交易在康芒斯那里是一个社会范畴的概念，但康芒斯虽然对交易进行了分析和分类，却没有发现交易的代价即交易成本。尽管他没有从成本的角度进行考察，但却无疑给后人研究交易成本开辟了道路。康芒斯对交易的诠释和分类为新制度经济学交易成本概念的形成分类有不可低估的影响，比如弗鲁博顿和芮切特把交易成本分为市场型交易成本、管理型交易成本、政治型交易成本不能说没受康芒斯的启发。诺思把测量划分为三个领域来进行，即交易部门、转型部门、政府部门也不能不说源于此处。

以后的学者也多次定义"交易"概念，但都大同小异，没有对康芒斯有太大的超越。

---

① ［美］康芒斯：《制度经济学》上册，于树生译，商务印书馆 1983 年版，第 73—74 页。

总之，交易是指在人类社会中人与人打交道的活动，这里的人是自利的和有机会主义倾向的人。狭义的交易就是具体买卖活动，交易方按照双方约定的规则，把交易对象从交易一方转移到另一方的活动，同时交易对象的所有权或使用权也发生转移，它通过市场的价格机制发生作用，这类活动服务于特定的交易对象。广义的交易包括政府和社会民众管理与被管理之间的活动，及组织中管理者和被管理者之间的活动。交易的主要问题是能否交易成功从而进行合作的问题，也是一个自利者之间相互衡量和算计的过程。在这个过程中，一些符合互利的稳定预期被逐渐制度化了，而这种制度又反过来对交易的结果形成一种保证和规范。就交易本身的特性而言，它的范畴要大于制度。没有制度支持的交易将可能造成无效的交易成本和导致交易的消失，而自利者之间在既定制度上的交易有可能推动制度的演进。

交易成本的定义在"交易"界定的基础上诞生了。但存在两种不同的交易成本文献。一种是"财产权"文献，另一种是"新古典主义"文献。

第二节 "财产权"文献

毫无疑问，第一个明确将交易成本的概念引入经济分析的是新制度经济学的科斯。科斯针对古典经济学价格机制无限完美的理论提出：既然价格机制如此完美无缺，为什么现实经济还存在企业这样的不同于市场的经济组织呢？在科斯看来，是因为价格机制的运行并非没有成本。他说，通过价格机制组织生产，各种与之有关的价格市场上发生的每笔交易的谈判和签约费用也必须加以考虑。[①] 在1960年的《社会成本问题》中，科斯从另一个角度对交易成本概念进行了补充。他说："为了进行市场交易，有必要发现谁希望进行交易，有必要告诉人们交易的愿望和方式，以及通过讨价还价的谈判缔结契

---

① 参见［英］罗纳德·科斯《企业的性质》，载盛洪主编《现代制度经济学》，北京大学出版社2003年版，第103页。

约，督促契约条款的严格履行，等等。这些工作常常是花费成本的，而任何一定比率的成本都足以使许多无需成本的定价制度中可以进行的交易化为泡影。"① 在 1991 年接受诺贝尔经济学奖的演讲中，科斯进一步补充说：谈判要进行，契约要签订，监督要实行，解决纠纷的安排要设立，等等。这些费用后来被称为交易成本。这些补充显然使交易成本概念的内涵比 1937 年的说明更具体一些了。科斯举例来说明他所指的价格机制的成本是什么：发现价格，协商和达成协议，并且他在执行方面有一个提示，但是他停住了，没有任何定义。事实上，在他所有的著作中，他从来也没有走出为交易成本举例的圈子，且为以后交易成本定义出现分歧打下了伏笔。

道格拉斯·W. 艾伦（1999）认为围绕交易成本概念产生分歧，是因为宣称对该术语有所有权的两大文献的同时存在，由科斯出发出现了两种交易成本定义。

第一类是"财产权"文献。

始于科斯并始终如一地关注交易成本在决定财产权的分配中所起的作用，并像所有对行为产生激励的法律、规则、社会风俗和组织一样广泛地定义。虽然以新古典经济学为基础，但这类文献已经超越了新古典主义模型而发展，并提出了"法律和经济""新经济史"和"新制度学派经济学"的新子域。它要么替换了交易成本的概念，要么就改进了交易成本的观点。它认为：交易成本是建立和维持产权的成本。

该定义由艾伦（1991）首次提出。产权文献的作者们很少定义交易成本，更多依赖于观察到的强制执行等具体例子，它们都意味着对产权的保护，并且从中认识到让渡或偷窃的威胁。

威廉姆森（1985）从契约与交易成本的孪生性出发，强调隐性契约的重要性，将交易成本分成事前与事后两个部分。交易成本的事前部分包括协议的起草、谈判和维护等费用。交易成本的事后部分包

---

① ［英］罗纳德·科斯：《论生产的制度结构》，盛洪等译，上海三联出版社 1994 年版，第 157 页。

括：当交易偏离了所要求的准则而引起的不适应成本；倘若为了纠正事后的偏离准则而作出了双边的努力，由此引起的争论不休的成本；伴随建立和运作管理机构而来的成本，管理机构也负责解决交易纠纷；安全保证生效的抵押成本。还需一提的是，事前交易成本与事后交易成本是相互关联的，交易成本与其说是"序贯"决定的，不如说是同时决定的。① 威廉姆森将交易视为经济分析的基本单位，并认为交易具有三个基本维度，即交易发生的频率、交易的不确定性程度和种类以及资产专用性条件。在这三个基本维度中，他尤其看重资产专用性条件对交易成本以及规制结构的影响。但是，他没有直接地讨论这三个基本维度与交易成本的关系，而是从三个基本维度对事后机会主义行为的影响、规制结构的选择以及成本的补偿等方面间接地论及了交易维度与交易成本数量的关系。从契约过程考察交易成本对理解现实经济过程是有帮助的，但对交易成本的认识并无直接帮助，尽管指明了契约的各个环节都会产生交易成本，但没有回答交易成本是什么，在计量上有什么特点，与新古典的生产成本的区别在哪里。即使交易的维度影响交易采取的形式，而对经济生活中交易采取的形式的观察，可以推测交易的维度对交易成本数量的影响，但交易成本包括哪些内容并不清楚，即使交易维度具有可操作性，交易成本概念的可操作性也不一定能得到保证。

　　张五常从一般意义上定义了交易成本。张五常（1987）认为："在最广泛的意义上，交易成本包括所有那些不可能存在于没有产权、没有交易、没有任何一种经济组织的鲁宾逊·克鲁索经济中的成本。交易成本的定义这么宽广很有必要，因为各种类型的成本经常无法区分。"②张五常的定义提示我们交易成本是发生在多人世界里的、由于人们的利益冲突而存在的成本。在鲁宾逊·克鲁索的世界里，物质生产过程中存在转型成本，知识与信息问题也存在，但交易成本是

---

① Oliver E. Williamson, *The Economic Institution of Capitalism*, New York：Free Pree, 1985, pp. 20 – 22.

② 张五常：《经济组织与交易成本》，《新帕尔格雷夫经济学大辞典》（E—J），经济科学出版社 1996 年版，第 58 页。

不可能存在的，因为在那个假想的世界里，根本没有交易行为发生。但这个定义存在重大缺陷，就是难以说明现实世界中交易成本是什么的问题。交易成本是作为总成本扣除物质生产过程的成本之后的一种剩余而存在，它是一个整体，无法细分。现实世界里的交易关系具有多样性，不同交易关系产生的交易成本具有不同的性质，但作为一个整体出现时，性质的差别便被抹杀了。

阿罗（1969）是第一个使用"交易成本"这个术语的人，他声称："市场失灵并不是绝对的最好能考虑一个更广泛的范畴——交易成本的范畴，交易成本通常妨碍——在特殊情况下则阻止了市场的形成。"这种成本就是"利用经济制度的成本"。它包括：（1）信息费用和排他性费用；（2）设计公共政策并执行的费用。从"交易活动是构成经济制度的基本单位"这一制度经济学的根本认识出发，把交易成本定义为"经济体系运行的费用"看，阿罗的定义过于抽象。

巴泽尔把交易成本定义为与转让、获取和保护产权有关的成本。一般地说，交易成本是个人交换他们对于经济资产的所有权和确立他们的排他性权利的费用。[1]

迈克尔·迪屈奇把交易成本定义为三个因素：调查和信息成本、谈判和决策成本以及制定和实施政策的成本。[2]

埃格特森的定义是个人交换他们对于经济资产的所有权和确立他们的排他性权利的费用。观察到"在通常的术语中，交易成本就是那些发生在个体之间交换经济资产所有权的权利，并且执行这些排他性权利过程中的费用。关于交易成本的确切定义并不存在，但是在新古典模型中的生产费用同样也没有被确切定义过"。[3]

---

① 参见 [美]巴泽尔《产权的经济分析》，费方域等译，上海三联书店1997年版，第3页。

② 参见 [美]迈克尔·迪屈奇《交易成本经济学》，王铁生等译，经济科学出版社1999年版，第44页。

③ [美]恩拉恩·埃格特森：《新制度经济学》，吴经邦等译，商务印书馆1996年版，第10—28页。

　　埃里克·弗鲁博顿和鲁道夫·芮切特[①]对作为制度费用意义上的交易成本的内涵及构成进行了分析：交易成本包括那些用于制度和组织的创造、维持、利用、改变等所需资源的费用。当考虑到存在的财产和合同权利时，交易成本包括界定和测量资源索取权的成本，并且还要加上使用和执行这些权利的费用。当应用到现存财产权的转移以及合同权利在个人（或法律实体）之间的建立和转移时，交易成本还包括信息、谈判和执行费用。交易成本的典型例子是利用市场的费用（"市场交易成本"）和在企业内部行使命令这种权利的费用（"管理性交易成本"），还有一组与某一政治实体的制度结构的运作和调整相关的费用（"政治性交易成本"）。对于这三种交易成本的任何一种来说，可能通过这样两个变量来识别："固定"交易成本，即在建立制度安排中所发生的专用性投资；"可变的"交易成本，即取决于交易数量的费用。这里的固定成本意味着，无论经济活动或交易是否发生，都是要支出的，交易量或生产量越大，分摊到每一笔交易上的成本就会越低，即分摊的平均成本就越低。

　　马修斯（1986）提供了这样一个定义：交易成本包括事前准备合同和事后监督及强制合同执行的费用，与生产费用不同，它是履行一个合同的费用。交易成本与经济理论中的其他费用一样是一种机会成本，它也可分为可变成本与不变成本两部分。

　　在诺思（1990、1994）看来，将生产要素组织起来生产物品或劳务，要受到制度和技术两个方面的制约，付出转型成本（transformation cost）和交易成本（transaction cost）；转型成本与交易成本之和等于生产成本。在新古典世界里，交易成本为零，故转型成本就是生产成本；在现实世界中，制度与技术都对生产发生作用，故交易成本在生产成本中也扮演重要角色。诺思同时还注意到：（1）技术和制度与转型成本和交易成本，并不是一一对应的关系，它们之间存在交叉影响。这种观点在如下引文中是十分清楚的。他说："要界定、

---

　　① 参见［美］埃里克·弗鲁博顿、鲁道夫·芮切特《新制度经济学——一个交易费用分析范式》，姜健强、罗长远译，上海三联书店、上海人民出版社 2006 年版，第 59 页。

保护产权及实施合约是要耗费资源的。制度加上所利用的技术决定了这些交易成本。将土地、劳动力和资本投入转化为物品和服务这类产出要耗费资源，这一转化不仅是所利用的技术的函数，而且也是制度的函数。"① （2）在转型成本与交易成本之间，往往存在一种此消彼长的关系，人们选择的也许是交易成本上升但转型成本更快地下降的生产技术或制度。例如，技术进步往往使商品更复杂，周全地协调生产以及搞清楚商品的各种用途等方面所增加的交易成本，可能超过因度量的精确以及通信的方便而减少的交易成本，总的交易成本在时间上具有上升的趋势。（3）在交易成本中，有一部分可通过市场进行衡量，如交易部门耗费的资源的价格总量；另一部分则难以直接衡量，如获得信息、排队等候、贿赂等耗费的资源以及不完全的监督和执行所导致的损失等。

第二类是"新古典主义"文献。下节详细叙述。

第三节 "新古典主义"文献

"新古典主义"文献对交易成本的定义是比较狭隘的，概括地把它们更明确地分析为等同于运输费和税款。把它们与相似成本的关联延续到考察项目的类型上，如交易成本对贸易量所起的作用、套利的能力、交易的约束力、仲裁和均衡的发生和效益——所有标准新古典主义费用。有时，这类文献也考察财产权决定的问题，如中间人和交换媒介的角色。但除了理论和定义不同外，结论也通常是与财产权文献相反的。

尽管科斯（1937）提供了大部分市场交换实例，可被称为新古典主义理论交易成本定义的创始人，但更确切地说新古典主义理论始于希克斯（1935）发表的《对于简化货币理论的建议》，这比科斯要早两年。文中希克斯提到了现在人们称为货币交易性需求的概念，尽

① ［美］道格拉斯·C.诺思：《制度、制度变迁与经济绩效》，刘守英译，上海三联书店1994年版，第84页。

管科斯从没这样叫它。他认为，经济中存在摩擦，并且它们发生在货币资产买卖产生正收益时。在收益很少，几乎为零时，考虑到贸易成本，个体理性地持有不产生任何利润的现金余额。用他的话来说：最明显的，无疑也是最重要的一种摩擦是把资产从一种形式转移到另一种形式所需的成本。这和阻碍经济系统各部分改变的转移成本的特征完全是一致的，无疑也包含主观因素和直接定价的因素。因此个体货币短期投资受阻，部分是因为佣金费用和印花税，部分是因为这不值得去做。

因为货币是用来促进交易的，并且需要"促进"的交易必须由交易成本决定，所以那些与货币有关的事情都涉及这些成本就不足为奇了。事实上，鲍莫（1952）和托宾（1956）详细定义了货币的交易性需求，并再次把交易成本视为贸易成本。德姆赛茨（1964）是第一个把交易成本视为贸易成本来详细阐述的，他提到"交易成本可能被定义为交换所有权的成本"（1988：64）。尽管这类定义指的是产权，但交易成本只在产权交换发生时才产生。这导致了新古典主义对交易成本的定义：

交易成本是产生自产权交换的成本。

这是尼汉斯（1987）给出的精简定义。新古典主义理论对交易成本的定义在金融和纯理论两方面都占据着主导地位。

广义上讲，交易成本在市场经济中是普遍存在的，任何产权的转移都能产生交易成本，因为交换的每一方都必须找到另外一方进行沟通并交换信息。这样就有必要检查和衡量准备交易的货物，起草合约、咨询律师或其他专家并转移产权。根据买方或卖方在已知市场中商品买进和卖出价格的利差，以及不同的服务提供者，交易成本可以采取投入或资源（包括时间）这两种形式中的一种（史蒂文斯1995：134）。

在新古典主义理论中，企业内的行政执行性成本不被视为交易成本。交易成本是由企业或个人在市场交易过程中产生的那些成本所构成的。因此，在此定义中，由一个巨大的企业或国营经济组成的经济体系是一个零交易成本的经济体系。因为这些交易成本仅仅是交换的成本，通常人们更愿意把它叫作"交易职能"（康斯坦丁，1979）。这些职能和其他的新古典主义生产职能是相似的，并通常被认为是由劳动投入量决定的。这些职能往往可能按一定比例增加、保持或降低收益。此外，交易成本的职能可能有固定或可变的部分。尽管不是完全相同，但在很多方面交易成本与运输费用和税金的作用是很相似的。尼汉斯认为理论上交易成本和运输成本是相似的。

综上，这种两分性文献的产生原因很可能是双重的（艾伦，1999）。第一，科斯（1937）在制度选择明确的情况下，在这一专业还没有太大的兴趣或能力来解决问题的时候，对昂贵的交易的早期介绍。就像科斯（1972）提到的，他1937年关于企业的论文经常被引用，但是很少被真正用到。第二，科斯在1937年没能精确地定义交易成本，以"价格机制的成本"这一短语代替。同时，尽管科斯举例表明不仅有市场涉及交易成本，但他最终给问题留下了解释余地。同样地，财产权文献直到20世纪60年代才真正出现，以科斯的《社会成本问题》的出版为标志。之后，这篇论文为科斯1937年出版的论文提供了必要的细节，以便把许多现有的观念联系到一起，并提供一个财产权研究议程（巴泽尔和科尔钦，1992）。在此期间，经济学家做了他们对术语交易成本所能做的研究，于是新古典主义理论便诞生了。

第四节　交易成本的分类

由于交易成本在不同学者那儿有不同的表述，既妨碍了经济学科建立健全的逻辑体系，也使得对它的测度难以进行。人类社会中交易成本的表现形式非常复杂，企图对定义不清、分类不细的所有各类交易成本同时测度一定是困难的。以往各种测度困难其实都是因为没有对交易成本概念进行科学的界定和仔细的分类。因此经济学家面临的挑战：一是要界定"交易成本"概念；二是在清晰概念的基础上，对交易成本进行分类；三是对各类交易成本进行测量。

实际上交易成本就是"协调人与人之间的利益关系"的成本，

表现为界定、规范和处理人际利益关系的费用。简言之，交易成本是人与人之间相互作用的成本，它与转型成本（把投入转换为产出、执行转型功能的成本或直接的生产消耗）共同构成社会的经济成本。人类的经济活动可以分为两类：一类是人与自然的经济活动，称为转型活动，由此发生的成本就是转型成本；另一类是人与人的经济活动，称为交易活动，由此发生的成本是交易成本。转型活动与交易活动的区别主要表现在：（1）转型活动的对象是自然界，交易活动的对象是人；（2）在理论上转型活动可以一个人单独进行，交易活动至少要有两个人才能进行；（3）单纯的转型活动中没有利益冲突，主要受生产技术的影响，而交易活动中的利益冲突是不可避免的。为了交易，人们必然要花费处理彼此关系的成本，而且在处理人与人之间的关系时避免冲突和找到平衡，互相制约、相互监督的抑止机会主义行为制度应运而生，建立制度、维持制度和改变制度都是需要成本的。

交易成本根据不同的研究目的和标准可作如下划分。

1. 从宏观和微观角度来划分

（1）宏观交易成本。这是一个国家范围内用于处理人与人之间关系所发生的费用，目前以交易行业和交易价格指数方法来度量。

（2）微观交易成本。这是发生在某一单位如企业或某一交易中的交易成本。

2. 从交易成本的表现形式来划分

（1）搜寻成本。这是指为找到某对象的最低价而支付的各种费用、时间、精力及各种风险的总和。比如由于消费者和商家之间的信息不对称，使得消费者努力寻找在不同地域或商店出售的同质商品的价格信息，以找到性价比最高的商品。信息搜寻行为无疑会帮助消费者作出比较理想的购买决策。"货比三家"就是对信息搜寻行为的经典描述。但是信息搜寻也是有成本的，主要指搜寻过程中耗费的时间成本。信息搜寻成本作为一种机会成本，当其大于信息搜寻带来的商品价格收益时，搜寻可能会失败或者被终止。

（2）信息成本。这是取得交易对象信息与和交易对象进行信息交换所需的成本。

（3）谈判成本或讨价还价成本。这是指交易方为获得各自的利益，在有关交易条款的订立、合同的起草等方面投入的人力、物力、财力和时间。

（4）制定和签署合同成本。这是指围绕签订某项合同而发生的相关费用：直接费用和间接费用。这里所说的"直接费用"是指为完成合同所发生的、可以直接计入合同成本核算对象的各项费用支出。"间接费用"是指为完成合同所发生的、不宜直接归属于合同成本核算对象而应分配计入有关合同成本核算对象的各项费用支出。

（5）代理成本。委托人与代理人之间订立、管理、实施代理合同所花费的全部费用，包括监督成本和控制成本。

（6）执行成本。合同签署后交易双方需要落实条款发生的各种费用，如某方没有按合同执行发生诉讼费用等，执行包括违约时所需付出的事后成本。

（7）监督成本。监督交易对象是否依照合同规定内容进行交易所花费的费用，包括监督人员的费用和监督设备的费用。

（8）服从成本。被管理者服从管理所付出意愿的和非意愿的费用由被管理者自己负担。

3. 从交易类型来划分

（1）市场性交易成本。即交易方直接交易活动的成本耗费，包括搜寻和信息费用、谈判和决策费用、监督费用和合约义务履行费用。

（2）管理性交易成本。即某单位建立、维持、运行或改变其组织结构的费用。如制定政策、人事安排、信息技术投入、公共关系或游说、赔偿等费用及监管命令的执行、度量工人绩效有关的费用、代理费用、信息费用等。科斯曾指出，企业组织作为市场的替代同样存在内部管理费用。很显然，组织内部管理活动也是交易活动，自然存在费用，从而形成管理性交易成本。

（3）政治性交易成本。国家或国际社会建立、维持、运行和改变制度、法律、法规等的费用，以及为执行政府制定的规章制度与法律条文、与程序等所发生的成本，包括制作、保存重要文件资料与档案、向政府出示必要的汇报、缴纳各项税金、从事社会公益活动发生的捐赠以及企业与政府打交道过程中发生的其他费用。

4. 从交易范围来划分

（1）内部交易成本。组织内部交易活动发生的成本叫作内部交易成本，如代理费用、考核费用、监督费用等。

（2）外部交易成本。该组织与其他组织及政府打交道发生的成本叫作外部交易成本，如信息费用、欺骗费用、诉讼费用、游说费用等。

5. 从交易中是否有机会主义来划分

（1）外生交易成本。杨小凯认为外生交易成本是指在交易过程中不是由于决策者的利益冲突导致经济扭曲直接或间接发生的那些费用。例如，商品运输过程中所耗去的资源是一种外生交易成本。

（2）内生交易成本。杨小凯认为是人们在交易中的机会主义行为，使资源分配产生背离帕累托最优的扭曲。内生交易成本实际上是一种价值损失。这种分类，可以引导企业通过设计有效的制度降低成本。内部和企业与市场间不同交易主体之间的信息不对称，减少人们在交易中的机会主义行为，从而降低内生交易成本，提高企业运营效率。

6. 从是否带来经济效益来划分

（1）有效交易成本。有效交易成本是指能给交易者带来效益的成本，它对经济运行起到了润滑剂的作用。

（2）无效交易成本。由于制度欠缺、互不信任、欺诈、扯皮等因素产生的交易成本，则属于无效的交易成本，它对经济运行起到摩擦力的作用。这种分类方式把成本与效益有效地联系在一起，可以帮助经济体有目的地进行无效交易成本控制。由于机会主义存在而发生的内生交易成本造成了价值损失，是一种无效交易成本；而外生交易成本中，有一部分成本也可能属于无效交易成本，关键在于交易活动是否有效益。

7. 从会计计入方式来划分

（1）直接交易成本。这是指为生产某种或某批产品所进行的交易活动消耗的费用，这些费用可根据费用发生的凭证直接计入某种或某批产品的成本之中。例如，某实体的公关机构的活动费用包括公关人员的工资可直接计入会计账户中，就为直接交易成本。

（2）间接交易成本。这些费用不能根据费用发生的凭证直接计入某种或某批产品成本之中，需要按一定的方法通过分配方能计入某种或某批产品成本之中。

虽然新制度经济学家没有给交易成本以统一明确的定义，但"交易"概念早已被康芒斯明确定义并且一般化了，并被人们所认同。"费用"和"成本"在传统微观经济学中已经是有明确定义和高度成熟，并且为人们所常用和理解的范畴。"交易成本"范畴中具有新含义的只是"交易"。交易成本的类型虽然复杂，但有的交易成本是容易计算出来的。所以，测量工作完全可以在探索交易成本一般化定义和分类的基础上同时进行，并且在新的经验发现的基础上将进一步提炼和发展交易成本定义及分类。

第五节　理论评价

一　提出"交易成本"范畴的意义

科斯提出"交易成本"范畴，拓展了康芒斯的理论，对深化产权等问题的分析具有创新的观察价值。科斯实际上发扬了美国制度学派的某些学术精神（不过，他和施蒂格勒有失公允地全盘否认这一点），他高度评价自己两篇论文中提出的交易成本理论。关于《企业的性质》一文，科斯说："我认为在将来会被看作这篇论文中重要贡献的东西，是将交易成本明确地引入了经济分析。如果不将交易成本纳入理论，经济体系运行的许多方面就无法解释。"关于《社会成本问题》一文，他说："在我看来，在这篇论文中运用的研究方法最终会改变微观经济学的结构，这一定理是通向分析具有正交易成本的经济之路上的阶石。对我来说，它的重要性在于它动摇了庇古体系。如果我们从零交易成本的王国中走向正交易成本的王国，在这个新世界中的法律体系的至关紧要的性质立刻清晰可见。"可见，交易成本确实是西方产权经济学的核心范畴和理论基础。

科斯和威廉姆森运用交易成本的概念，解析企业的产生和规模变动，论证交易成本、产权安排与资源配置效率之间的相关性。张五常运用交易成本的概念，解析土地合约的类型及其选择。登姆塞茨运用交易成本的概念，解析产权的功能和变动，研究所有制作为外生现象和内生现象的状况。美国的诺思和托马斯运用交易成本的概念，解析经济史中的产权制度变迁、制度创新和经济增长（曾发表《西方世界的兴起》和《经济史上的结构与变革》两本书），等等。他们在这些方面的探讨均取得了不少成果。尽管在交易成本这一范畴的科学界定和运用上还有许多重大缺陷和错误，但他们毕竟继承和扩展了一种合理的经济分析视角，并提供了相当可观的思想素材和实例，这是值得肯定的。

到目前为止，交易成本还没有确切的定义，但从经济学家的使用来看，还是可以将它总结为：在交易过程中为交易而耗费的所有资源。经济学家已经从契约过程、交易维度、设定参照系和生产过程等角度，对交易成本的相应层面进行了考察，交易成本也是机会成本，它只能减少而不能彻底消除；与交易对象以及交易环境等有关的种种因素，决定了交易成本的数量和交易的方式；交易成本虽然是交易所耗费的资本，但人类社会的发展并不是必然地朝着交易成本减少的轨道前进的；按照诺思的看法，如果能将生产费用（即总费用）分解成交易成本与转化费用，这两个部分的影响因素也不是独立的，它们要受到技术与制度的交叉影响。

交易成本的现实根源是多种多样的，但是我们还是可以列出若干主要的方面。例如，经济主体的知识、经验与信息总是存在差异的，这种差异使得经济主体在交易过程中总要耗费资源；在稀缺性的世界里，人们总要考虑自己的利益，利用自己的优势，采用机会主义行动以达到目的，这也招致了交易成本；经济主体在交易过程中，还要克服空间距离所产生的影响。在寻找交易伙伴时，要为此耗费成本，不过，为改变交易对象的空间位置而耗费的运输成本不宜视为交易成本，我们的世界总伴随着不确定性，有些事件的出现具概率性，人们为了规避事件的这种性质带来的不利影响，虽然能够借助于制度的或组织的方式，但也要为此耗费交易成本；我们生活在制度文明的世界里，制度的制定、修改等均要耗费交易成本；另外，生活在不同制度环境中的经济主体如果要发生交易，需要"磨合"并为此耗费成本。

二　交易成本理论的主要缺陷

交易成本范畴是西方产权理论的核心和支柱。几十年来，这一概念被许多产权学派的经济学家和同行界定过，但至今仍有重要疑点或误点。

其一，交易成本的定义和范围不清晰。产权学派代表人物之一张五常在《新帕尔格雷夫经济学辞典》"经济制度与交易成本"条目中写道：广义而言，交易成本是指那些在鲁宾逊·克鲁索（一人世界的）经济中不能想象的一切成本，在一人世界里，没有产权，也没有交易，没有任何形式的经济组织。如此定义交易成本，并没有说清概念，因为它只划定一人世界没有交易成本，那么，两人和两人以上经济中的任何费用都属于交易成本？显然，该定义是非建构性的。

此外，张五常曾估计交易成本占香港国民生产总值的80%，有学者认为，这似乎包括了全部第三产业以及第一、第二产业的量度和监管费用。疑点在于，交易成本是否应当做如此宽泛的解释，给人以不着边际的感觉？

另一位代表人物诺思1995年3月10日在北京大学作演讲时说：为了实现规模递增的收益，我们需要在交易方面进行巨大的投资。从1900年到1970年间，美国的劳动力从2900万人增加到8000万人，同期产业工人从1000万人上升到2000万人，白领工人从500万人增加到3800万人。关于交换部门其中交易成本通过市场可以被测量，美国1970年交易部门构成美国国民生产总值的45%。由于合作协调和实施执行的成本越来越高，目前美国的交易部门一直在生长和扩张。为了实现这样一个专业化世界使它取得各种收益，我们就需要控制漫长生产链条中的质量问题，解决各种问题，而这造成了另一现象，即委托—代理关系，它的成本是非常高昂的。人们采取了各种办法来降低交易成本，也就是应用各种技术来降低交易成本，比如说用资本代替劳动力，或者说降低工人在生产过程中的人身自由或者通过自动地衡量各种物品的质量。

诺思言论给人的印象似乎是：交易成本随着交易部门或交换部门的扩大而增加，并且生产过程的交易成本也是非常高昂的。人们是否可以由此推论：诺思时代的交易成本及所占社会总费用的比例要比斯密时代高得多，即社会越发展，交易成本及其比例越大。不过，疑点在于，诺思把交易成本的范围扩大到一切交换部门，又在没有区分市场交易成本与企业组织费用的基础上谈论交易成本的测量及其比例问题，给人以并不十分清晰的概念。

另外，交易成本是否包括运输费用，这也是一个含混不清的问题。有的学者认为：交易成本是市场经济交换过程中产生的一切费用，它包括运输费用、佣金、谈判所花费的时间，也包括关税在内的各种税收，等等。国内出版的《当代西方经济学辞典》在"交易成本"条目中是这样写的：交易成本是构成产品价格的一个组成部分，由于交易部门提供了劳务，才使得商品在各个经济单位之间进行转移。交易成本是由交易部门所提供的劳务来决定的，它一般包括下列内容：有关收集和传播市场信息的市场信息成本；为订立合同而进行谈判所支出的合同谈判成本；为了使合同能够得到履行而必须支付的合同履行成本；运输成本。如果这些论断来源于西方经济学家，那就需要他们做进一步的释疑：运输费用是否全部属于交易成本而与生产技术费用无关？

其二，交易成本的作用被夸大。交易成本范畴的精神实质是应当肯定的，可是，西方产权理论在反对正统经济学的同时，夸大了交易成本在经济活动中的作用，使该理论出现误点。

科斯单纯从交易成本角度阐释企业的起源和规模，显然是有所夸大。威廉姆森强调：节省交易成本是企业联合决策的主要决定因素并不意味着排除其他因素，其中有一些因素同时产生作用，但假如节省交易成本确实是主导因素的话，其他因素就被降为配角。这就是威廉姆森的基本观点。

我们应当看到，在有些经济活动和经济行为中，交易成本是主要因素，但在很多情况下并不是主要或主导因素，因此，不能一概而论，将交易成本始终放在经济分析重要性的首位。诚然，如果把交易成本的概念延伸到不适当的范围和部门，它的作用好像是大了，其实滥用概念反而糟蹋了概念内涵的科学精神，并不能圆满地解释经济现实。

其三，交易成本尚未得到有效的定量分析。虽然科斯说过，一旦我们开始发现影响经济体系绩效的真实因素，因素间复杂的交互关系很显然需要用数学方法来处理，就像在自然科学中那样，虽然威廉姆森等个别学者也试图将交易成本作数学处理，随着近年来计量工具的普及应用和数据的日臻丰富，一些国际机构〔包括世界银行、遗产（Heritage）基金会、弗雷斯特（Fraster）研究所、普华永道（Pricewaterhouse Coopers）〕以及学者，如波特（Porter）、沃纳雷德·斯卡斯（Warnerand Sachs）等对影响交易成本的制度、政府政策、腐败、社会资本等进行了深入研究，因此从多个角度衡量交易成本的条件已渐趋成熟。以诺思和威利斯（1986）为代表的一些经济学者致力于这方面的努力，并发表了一定数量的经验性文献。这些现有的经验性文献正是在少数勇敢的经济学家在面临非常困难的条件下做出的工作。由于交易成本概念及其范围至今歧见甚多，也由于作为制度意义上的费用本身难以计量，使交易成本理论在实际运用的成功还有待于实践及研究者的致力工作。

第二章 交易成本理论与经验

考察经验方法得出的结论是否正确，往往是研究分析该方法的最先切入点。人们通过对经济活动的观察发现，交易成本在国民经济生活中扮演着越来越重要的角色；发达国家的交易效率要比发展中国家高；有人认为交易成本是经济的摩擦力（威廉姆森，1986），有人认为是经济的润滑剂。以诺思和威利斯（1986）为代表的交易成本测量的交易行业方法及以艾根·祖齐（Eigen-Zucchi，2001）为代表的交易价格指数方法，对此已做了初步的实证检验，但现有文献还缺少对经验结论做系统的理论分析，本书准备从微观和宏观的角度对经验结果进行进一步的理论论证。理论和经验是统一的关系，系统的理论论证分析和实证检验是进一步发展交易成本理论的重要步骤。

第一节 交易成本的微观分析

一 从消费者的角度

对消费者来说，许多类型的服务是与交易相关的服务，关键是把这些服务作为正常品。在1961年发表的《信息经济学》中，斯蒂格勒（Stigler）提出了最著名的例子，即获取价格的信息。在他的分析中，好的价格信息的利益（通过较低的平均购买价格实现）要用进一步搜寻成本衡量。以这个观点，他论证了广告不是一个单纯的浪费，而是卖者为了提供比买者自己搜寻更有效率的价格搜寻交易服务。更多的交易服务思想例子可以相似的形式分析。交易费用与交易收益相比较，如果交易收益大于交易成本，消费者是愿意支付交易费用的。其他形式都可以用这种方法来分析。

考虑消费者决定是在超市还是在货栈商店购买的例子。一般的大超市备有 10000—12000 种不同的商品，货栈商店仅备有 1000—1200 种不同的商品。一定程度反映了越备有大规模不同商品的交易成本也越大，超市单位价格越高。但买者为了得到享受更多的消费多样性的利益，愿意支付额外的交易成本。消费者对消费多样性、新鲜的商品、家中少量的存储及价格和偏好的利益与额外的交易成本进行衡量，情愿支付交易服务。

还有金融、保险、房地产和法律的例子。金融部门提供更广泛的服务，方便储蓄和借款，提供资金渠道，管理顾客财产风险变化的不确定性。消费者对购买金融服务的额外成本与消费方便的储蓄和借款、通过借贷低价的交易、信誉卡、支票支付和拥有更复杂投资机会的转移风险的较高回报的利益进行衡量。风险厌恶者对交易服务的附加成本与一定同等结果的利益进行权衡。而律师方便整个合同签署过程。消费者对法律费用和更保险的合同进行权衡。房地产机构方便产权的转移。消费者对房地产机构的服务与搜寻成本和自己的收益相权衡，宁愿支付数量非小的交易服务费用。

所有的这些交易服务的例子用斯蒂格勒的方法进行分析都是合情合理的。这样的分析对诺思和威利斯（1986）的经验结论，即交易成本在 21 世纪不断增长，提供了强烈的可能性解释。就像所观察的那样，来自消费者的偏好随着时间而变化，包括消费者对消费多样性的渴望、新鲜商品、降低风险、更好的地理和经济流动性等。消费者支出从其他物品转向交易服务就像从苹果的偏好转向剪发。

成本和利益进行权衡，用通常的边际条件和弹性可以被导出来。用微观经济理论的需求的价格弹性、需求的收入弹性、需求的交叉价格弹性来分析。

需求的价格弹性是：

$$eX_aP_a = \frac{\partial X_a}{\partial P_a} \times \frac{P_a}{X_a} \qquad\qquad (2-1)$$

式中，X_a、P_a分别为交易服务的数量和价格。

关于交易相关投入，如果交易服务的需求在价格方面是充分的弹性，交易服务总支出的增长可能来自交易效率提高、每项交易价格下降的结果。比如，美国过去一个世纪的制度和技术的领先，过去的这一时期的单个交易价格下降似乎是有道理的。总支出的增长也可能来自消费者需求的无弹性而价格提高。但这不太可能，因为利润最大化企业提供交易服务总是在需求曲线的弹性部分进行运作，很难想象交易服务的巨大增长与每项交易价格的提高一致。

需求的收入弹性是：

$$eX_aI = \frac{\partial X_a}{\partial I_a} \times \frac{I_a}{X_a} \qquad\qquad (2-2)$$

式中，I为收入。

过去的一个世纪，世界经济人均收入大幅度地上升，如果交易服务是正常品，收入弹性大于等于零，消费者对交易数量的购买，随着收入的增加而增加；如果是奢侈品，正的弹性大于1，对交易数量的购买将比收入上升得快。因此，即使价格不变，充分大的收入弹性将帮助解释收入份额被投入交易服务中的经验研究中。

有限的经验证据，但支持上面的论证。比如诺思和威利斯（1986）发现中国经济体制改革时期，交易行业变大，中国人生活变得更好。研究工作证明，经过回归分析得出投入交易服务的支出与人均 GDP 呈正相关。1978 年到 2000 年之间，人均收入增加 8%（见表 2.1）。这个结论可以被艾根·祖齐（2001）和钟富国（2003）的测量交易效率的分析得到加强，较低的单位交易价格获得较高的人均 GDP。每项交易价格至少没变，且可能在美国的过去世纪里下降，在富裕的国家它们总的趋于降低。在这个问题上，更多的工作需要去做，前述意味着需求的收入弹性可能的确是很有弹性，潜在地解释了观察到的交易行业的扩大。

表 2.1 中国 GDP 的交易份额和人均 GDP

年份	GDP 的交易份额（%）	人均 GDP（元）
1978	28.4	381.2
1981	30.7	492.2
1984	32.3	695.2
1987	34.0	1112.4
1990	35.9	1644.0
1993	37.6	2998.4
1994	39.0	4044.0
1995	39.4	5045.7
1996	40.1	5845.9
1997	41.0	6420.2
1998	42.2	6796.0
1999	42.8	7158.5
2000	43.2	7857.7

因变量：Log（人均 GDP）

自变量	系数	标准差	T 值
Log（GDP 交易份额）	8.05	0.34	23.3
R^2	0.98		

资料来源：GDP 中交易成本份额：谬仁炳、陈志昂：《中国交易费用测度与经济增长》，《统计研究》2002 年第 8 期。人均 GDP：《中国统计年鉴》，中国统计出版社 1978—2000 年版。

需求的交叉价格弹性：

$$eX_a P_f = \frac{\partial X_a}{\partial P_f} \times \frac{P_f}{X_a} \qquad (2-3)$$

式中，P_f 为与交易相关的商品。

如果美国在过去一个世纪的非交易相关的商品的实际价格下降，如果交易需求的交叉弹性是负的，表明交易和非交易相关商品是总互补的，致使交易服务需求数量将上升。这些商品可能是总替代，像水坝和洪水保险，但最大的可能它们是总互补，如轿车和保险。消费互补将有利于交易成本数量增大及在 GDP 的份额扩大的解释。

这些问题需要更多的经验工作，适宜的需求弹性支持诺思和威利斯（1986）等人的结论，可以被解释在消费者偏好的基础上。不必怀疑，如消费的多样性、美国等国家金融和保险提供的产品的宽广度1970年比1870年的服务大幅度扩大。因此，美国等国家经济中的交易服务份额的增长不断上升没有吃惊的理由。

二 从企业的角度

交易成本的较大部分应在企业，交易是企业生产过程的中间投入。比如，互联网的到来对企业内部、企业之间和企业与消费者之间交易行为方法有深远的影响。甚至大的、老的企业，像通用电器（General Electric）等已经重新塑造企业行为，使用互联网减少交易成本而削减成本。市场已成功利用互联网发展了个人在线市场，在2001年成交20亿美元。诺思和威利斯对企业的缺少微观分析研究已对经验观察造成了大的混乱。

一些学者认为，数字支持交易行业的上升对增长是一个阻碍，企业不断增加交易成本以维持扩大的规模和复杂性，这些成本侵蚀从技术变化和经济规模获得的生产力。

诺思和威利斯（1986）把生产要素划分为交易和转型两部分：转型成本是土地、劳动、资本和企业家才能需要从物理形态转投入为产出的成本；交易成本是土地、劳动、资本和企业家才能需要把产权从一个人转向另一个人的成本。

因为许多交易成本是不可观察的，诺思和威利斯创造性地把可观察到的投入用于交易行业。根据诺思和威利斯的阐述，一般企业的生产函数可表达为：

$$Q = f\ (L_f,\ K_f,\ D_f,\ IG_f,\ L_a,\ K_a,\ D_a,\ IG_a,\ E,\ T,\ I)$$

式中，下标 f 和 a 分别表示转型和交易投入；L 为劳动；K 为资本；D 为土地；IG 为中间投入；E 为企业家投入；T 为技术；I 为制度。

交易成本就是 L_a、K_a、D_a、IG_a、E 之和，转型成本就是 T、I、L_f、K_f、D_f、IG_f 之和。

他们区分了制度的进步（来自交易行业）和技术的进步（来自转型行业），讨论了每一种进步都可以提高每一行业（交易行业与转型行业）的生产力。就是说，好的制度可以提高转型投入的生产力，也可以提高交易投入的生产力。先进技术可以提高转型投入的生产力，也可以提高交易投入的生产力。

设 X_f 为转型投入，X_a 为交易投入，可得：

$$\partial\ (\partial\ Q/\partial\ X_a)/\partial\ I \geqslant 0 \qquad (2-4)$$

$$\partial\ (\partial\ Q/\partial\ X_a)/\partial\ T \geqslant 0 \qquad (2-5)$$

$$\partial\ (\partial\ Q/\partial\ X_f)/\partial\ I \geqslant 0 \qquad (2-6)$$

$$\partial\ (\partial\ Q/\partial\ X_f)/\partial\ T \geqslant 0 \qquad (2-7)$$

用这个新的思想进行讨论，经济行为人不关心他们观察到的成本是交易成本还是其他成本，他们也不关心总成本最小化是通过提高技术还是推进制度的途径。

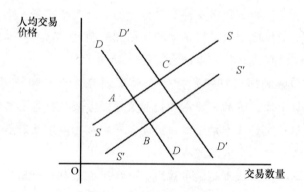

图 2.1　交易需求与供给

基于技术和交易投入之间的交互作用，制度和转型投入之间的交互作用，使用这个思想观察交易行业增长的两种可能的解释。好的技术推动交易投入的生产力，交易服务的供给曲线向下移动。电信的发明可作为技术进步交易量增加的例子，这种情况下，每项交易的价格下降，交易购买数量增加。但总交易相关支出的净作用是不确定的。如果在交易和转型投入之间的替代弹性是充分的高，总相关支出将增加。相应的交易供给曲线从 SS 移到 $S'S'$，点从 A 移到 B。

先进制度也扩大转型投入，推进生产可能性边界向外移动，增加交易投入的引致需求。在这种情况下，不论每项交易价格上升，还是交易需求量增加，交易服务的总支出都会增加。相应的需求曲线从 DD 向上移到 $D'D'$，均衡点从 A 移到 C。

第一种情况，交易行业可能是经济增长的动力；第二种情况，交易行业可能是增长的障碍，因为转型行业生产力的获得不断被交易行业所限制。他们的结论：制度的变化和下降的交易成本是上两个世纪经济增长的重大源泉。需要更多的数据以加强他们 1986 年的发现，来阐述动力或阻碍的问题。

第二节 交易成本的宏观分析

主要从制度和技术两方面来分析。

制度从广义讲就是一种资源配量方式，说到底就是人与人之间发生的社会政治经济关系，进行交易活动的一种方式。舒尔茨把制度分为用于降低交易成本的制度、用于影响生产要素的所有者之间配置风险的制度等四个方面。① 在不同的经济制度背景下，交易成本大小是不同的。

从交易成本的定义看，交易成本是一项与制度紧密相关的成本。新制度经济学认为，人类为降低交易成本总是在不断地探寻种种有效的合约形式或制度安排。制度安排决定了经济效率，一种制度安排可能不同于另一种，历史的进步和经济的发展要到制度变迁中寻找原因。产权制度的进步是经济发展的一个重要原因。例如，建立排他的公有产权，是避免野生资源的耗竭，使人类从狩猎社会走向效率较高的农耕社会的重要产权革命。庄园制的瓦解、土地私有制的确立、自耕农的出现和地主—佃农关系的形成，为近代市场

---

① 参见［美］罗纳德·科斯、A. 阿尔钦等《财产权利与制度变迁——产权学派与新制度学派译文集》，刘守英等译，上海三联书店 1991 年版，第 253 页。

经济和经济发展奠定了产权制度的基础。专利法的颁布，对知识产权的保护是近代技术进步的重要原因，等等。产权制度的进步，不仅提高了人们的生产性的努力，而且也降低了交易成本，因为产权制度的进步还表现为对产权保护程度的提高。例如，现代常备军的建立、警察体系的形成，为国内商路安全提供了保证。海军的建立和各国海军的配合，扫清了海盗，降低了海上贸易通道的风险。这些都会导致交易成本的下降，使世界市场得以形成。因为若没有政府对国内或海上商路的保护，商人只能靠武装自己或保镖来抵御强盗，或者给强盗一笔买路钱。这些费用都要打入商人的交易成本之中，从而会阻碍市场范围的扩大。

由于节省谈判、讨价还价、履行合同等费用可以增加交易双方当事人的经济收益，因此在产权关系明晰的条件下，人们往往为降低交易费用而进行经济制度的选择，而且最终总是选择交易成本较低的那种经济制度，从而形成一个"均衡"的制度结构。

在农业社会制度中，经济活动的自给自足决定了人们并不需要什么交易费用——这并不是说自然经济有多么优越（低交易成本与低产出同时并存），而是说经济的"自足性"不需过高的交易费用来支撑。市场经济制度的一个重要特征是分散决策，分散决策刺激了多元主体的活力，但也必然增大主体之间的摩擦和矛盾，从而增大交易费用。与自然经济相比，市场经济的确提高了生产效率，降低了生产成本，但却增加了人与人打交道的费用。随着分工的扩展和深化生产效率提高的同时，人们之间的联系和依存日益紧密，总量交易费用必然增加。从人类社会发展到今天，文明的进步不论"节约"了多少人力，积累了多少财富，人与人打交道的费用却是越来越高了。（比如，与古代社会的习俗调整相比，现代社会复杂的法律条文和庞大的律师队伍）换言之，迄今为止，人类文明的进步总是以总量交易费用的增加为代价，至少我们现在还没有看见它有趋于下降的希望。经济结构变化和经济组织创新，交易服务型组织的出现和扩张，使得不可观察的交易成本进一步显性化，从而引起宏观交易成本测量结果的增长，这种经济组织创新的驱动力主要来自经济扩张引起的相对价格的变化以及国家的制度创新功能。交易性组织的产生与发展又使零星的交易成本组织化，不可观察的交易成本成了组织内费用。分工和专业化是宏观交易成本增加的根源，社会越来越复杂，交易成本也就越来越大。因为交易费用是"复杂性"的润滑剂，社会结构越复杂，所需要添加的润滑剂就越多，交易成本是人类合作的成本，是社会进化的成本。

经济制度的演进和变迁与交易成本有着十分密切的关系。人们对经济制度的选择标准就在于它能否使交易成本最小化。人类最终选择了市场经济制度，市场经济被认为是迄今为止的最优体制安排，其根本原因就在于市场化体制安排可以使人们的选择大大降低交易费用，提高经济体制的运行效率。同时，一些原先建立起高度集中的计划经济的国家之所以纷纷放弃它而追求市场经济，就在于计划经济的交易费用太高，从而降低了资源配置效率。因此，从交易成本出发，市场体制的本质在于它是人类在体制选择过程中为降低单位交易成本而作出的最佳制度安排。这一最佳制度安排极大地调动了经济社会系统内部的各种积极性、创造性与主动性，为经济发展提供了创新的动力和源泉，从而实现了经济持续高效地发展。这正如经济史学家诺思所说：有效率的经济组织是增长的关键因素，西方世界的兴起原因就在于发展了一种有效率的经济组织。

新制度经济学经验研究验证，一个世纪以来交易成本占 GDP 份额的不断增加，国家越发达交易成本所占份额越大。总量交易成本的上升意味着为交换发展的部门越来越多，由于为交换服务部门的职业化、专业化、规模化，从而使越来越多的潜在交易成为可能。这种总量交易费用的上升同时也意味着每笔交易的交易费用会下降。低交易费用意味着更高的交易效率、更多的交易、更高的专业化、生产费用的变化以及产量的提高。各国交易成本的差异主要来自各国制度、技术、人力资本对交易影响的差异，从而导致经济增长能力的不同。

不同的制度对交易成本和经济发展的影响可用图 2.2 表示。

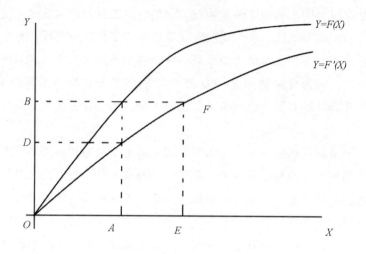

图 2.2　总产出曲线和净产出曲线

　　对任意一个制度，在给定的生产技术下，从量的角度来看，实现最大总产出要减去交易成本才能得到净产出。这样，净产出曲线就位于总产出曲线之下，如图 2.2 所示，Y 代表某商品的产出，X 代表投入。如果只生产 OA 单位的商品，是无法完成 OB 单位的销售目标的。换言之，为了能够交付 OB 单位商品的净产出，将需要生产出 OE 单位的商品。如果以该商品衡量的交易成本为正，净产出 F' 曲线将总是位于总产出 F 曲线以下。在每单位投入的地方，净产出曲线的斜率，也即净边际生产率，要比相应的总边际生产率小。在技术给定的条件下，社会中经济活动的制度效率越低，净产出曲线就越低于总产出曲线。如政府坏的立法活动等不佳制度，该经济体中的净生产函数曲线 F 会低于制度情况较好的情形，即便每一种情形中的制度都具有同样的技术条件。

　　生产力和技术的发展状况影响交易成本的大小。由于客观的生产力不够发达，技术手段不完备或其他原因造成的交易上的不便产生交易成本。这种交易成本会随着技术的进步而得到缩小。例如，在以货易货缺乏货币的交换经济中，交易是非常不便的，会出现对商业的阻碍。一方面，会出现携带物品的困难，这个困难在长距离交易中尤其明显；另一方面，一个买者必须找到相应的卖者，他们所交易的商品正好互为对方所需，因此，这里面寻找的费用是比较大的，并非每个交易者每时每刻都那么幸运。这些费用由于货币的发明和使用被大大缩小了。货币的出现是流通领域的一场革命，是一种效率创新。货币作为"一般等价物"统一了价值尺度，减少了扯皮问题，节省了社会计算比例的时间和精力，简化了簿记制度；货币作为流通手段克服了"需求双重巧合"和"时空双重巧合"的障碍，从而使商品和服务的交换以最低成本或最高效率的方式进行；货币作为支付手段，为商业活动中的延期支付，以及工资、赋税、地租等的支付提供了便利；货币作为储藏手段，方便和丰富了社会成员的财富储藏。总之货币的发明使交易成本被极大降低，社会经济运行效率获得极大提高。

再如，信息革命的作用，使用于交换的交易成本下降。

$$\mathrm{d}\ (\mathrm{d}Q/\mathrm{d}IGai)\ /T_j > O \qquad\qquad (2-8)$$

式中，IG 为 i 产业的交易中间品投入；T_j 代表 j 产业的技术变革。

产业 j 的转型技术变革所带来的产出品将以交易中间品的形式促进产业 i 的交易效率的提高，从而提高产业 i 的产出效率。例如电话技术使电话成了现实，这对通信产业来说，是一种转型的技术变革，因为它使得原材料转型成电话机成为可能。但对于使用电话机的产业来说，这是一种典型的交易的技术变革，它大大降低了信息成本。计算机、互联网也是这样，促进了交易的发展，降低了信息成本。

1998 年 4 月 28 日，美国加州大学洛杉矶分校的迪佩·莱奥（Deepal Lal）在北京大学中国经济研究所的演讲《信息革命、交易费用、文明和经济运行》中，讲到信息革命虽然可以降低用于交换的交易成本，但却增加了用于监督的交易成本。

诺思认为转型成本和交易成本均受制度与技术的影响，他指出：界定、保护产权及实施合约是要耗费资源的，制度加上所利用的技术决定了这些成本，将土地、劳动力和资本投入并转化为物品和服务这类产出要耗费资源，这一转化不仅是所利用的技术的函数，而且也是制度的函数。因此，制度决定交易成本，技术决定转型成本的观念是不对的。在转型成本与交易成本之间，往往存在此消彼长的或者替代的关系，相当多的情况下，人们选择的不是交易成本下降的技术和制度，而是交易成本上升但转型成本更快地下降的技术和制度。即使从事后来看，交易成本也存在计量上的困难。例如，获得信息、排队等候、贿赂等耗费的资源以及监督不完备导致的损失等，往往难以计量。

诺思对交易费用的解读不仅非常深刻，而且也是与历史逻辑相符的。

第三节　经验问题

理论论证、经验结论和客观事实应该是一致的。

理论研究和经验研究间有着重要的、复杂的和几乎共生的关系。罗伯特·K. 默顿（Robert K. Merton，1953）指出：在一定意义上，定向研究（directed research）概念意味着，经验调查是极有组织地进行的，一旦发现经验具有一致性时，它们便会对一个理论系统产生直接的影响。而测量的现象常常来自理论。理论在构建需要测量的问题概念体系方面扮演着一个重要的角色，而且，任何科学领域所测量的东西都来自理论。

迄今为止，基于经验数据，经济学家已使用了三种检验方式，虽然每种方式都存在各自的问题。一是交易行业方法的统计方法（诺思和威利斯，1986）；二是交易价格指数方法的经济计量检验（艾根·祖齐，2001）；三是案例研究和构建相关的"程式化事实"（stylized facts），个案应该有助于理论问题的探讨。

1998 年，诺思等人实际完成一个对纺织品下订单的全过程。当他们下了订单以后，根据各国生产产品、按照他们的要求完成订单的质量和完成订单的时间等打出分数。他们拥有一整套标准来间接反映交易成本的状况。他们拿到结果后，把它与不同收入的国家进行对比，结果和他们预想的一致：像美国和中国香港这样的地方按照效率来分类排在名单的前列，而诸如莫桑比克这样的地方则排在了名单的最下方。

　　20 世纪 90 年代初，亚历山德拉·贝纳姆等人调查了在几个国家里拥有一部商务电话的费用。在两周内安装一部电话的实际价格从马来西亚的 30 美元到阿根廷的 6000 美元不等。在埃及，1996 年官方公布的获得一部电话的价格为 295 美元，"紧急安装"的价格为 885 美元。为了表示机会成本，学者对开罗市内那些已安装电话的公寓与相似的但没有安装电话的公寓的购买价格进行了比较。它们的差别在 1180—1770 美元，这代表了那些与该市市场没有很好联系的人对于一部电话的预期现货价格。资产所有权的有效转让对现代市场经济非常重要，与转让一套公寓所有权相关的费用可以在这里得到考察。在开罗，个人购买一套公寓并对所有权的转让进行注册需向第三方额外支付的费用相当于购房价的 12%，这其中 6% 用于纳税，6% 用于支付法律规定的注册转让所必需的律师费用。房地产经纪人的服务是可以自由选择的，其费用大约是销售价的 1.5%。在美国密苏里州的圣路易斯，依法转让所有权的费用大约是销售价的 1.5%；如果有房地产经纪人参与其中，他们的费用将占到销售价的 6%。这些费用之间的差别是惊人的。在国家控制的部门，开罗的费用是圣路易斯的 8 倍；而在竞争性部门，开罗的费用仅比圣路易斯高 1/4。

　　1983 年，第索托 De Soto 派一个研究小组在秘鲁利马亲历了依法建立一个新的小型成衣工厂所需的官僚程序。他们试图在不行贿（仅有两次不行贿）或不利用政治关系的情况下进行所有的程序。详细的注释和时间耽搁被记录了下来。模拟结果显示，一个采用适度手段的人不得不花费 289 天才能完成依法建立这个小型工厂的程序。那些没有政治关系的人通常都是留在非正式部门，而没有依法注册。当第索托在美国佛罗里达州的坦帕重复这种模拟时，仅仅花了 2 个小时就获得开办一个小型企业的许可。因此在秘鲁的时间费用是佛罗里达州的 1000 多倍。

　　亚历山德拉·贝纳姆等人考察了与进口大型掘土机所需的曲轴相关的交易费用。与美国相比，1989 年的秘鲁，正式获得这种曲轴所花的货币价格是前者的 4 倍，在等候上花费的时间是前者的 280 多倍

（即 41 周对 1 天）。在阿根廷，货币价格是美国的 2 倍，等候时间是 30 天。相反，在马来西亚，货币价格和等候时间与美国大致相同。在匈牙利，在货币和进口管制被解除之前，即大约在 1989 年之前，为了替换一个西方制造的拖拉机的曲轴要花上 30—40 周；自由化之后，等候时间下降为 2 周。一个相关的指标是在港口办理清关手续的平均等候时间。在新加坡，这一指标是 15 分钟，然而在坦桑尼亚却是 7—14 天，并且据报道还有等候时间长达 91 天的。14 天的等候时间是在新加坡平均等候时间的 1300 多倍。①

现有宏观交易成本测量文献关于交易行业和交易价格指数方法虽然研究假设通过了本身的检验，可以暂时接受为结论，但其方法本身还得接受复制检验过程的考验，还继续有待于理论的推敲和客观事实的检验。如果所采用的测量方法是科学的，那么任何人只要采用同样的检验过程，都应能够得出同样的研究结论，不会因人、因时、因地而异。如果检验过程无法为其他人员重复、再现并得到同一结果，研究结论就得不到同行的承认，需要进一步的检验和修正。

事实证明，交易行业方法不仅在发达国家得到验证，在中等发达国家，如波兰；和发展中国家，如阿根廷，也已得到检验。交易行业方法已被运用到测量诸多国家的交易成本的规模及其变化情况，且得出了相似的结论。这在很大程度上符合科学方法的验证，今后的发展可能在其他国家不断展开和被复制，其方法本身也随之更科学规范。交易价格指数方法虽然根据事实检验提出观点和作出了判断，由于其理论和指标体系等问题，还不能保证检验的可靠性，论据的可靠性还需要进一步检验和修正。

三种经验检验方式得出的结论是相似的，在不同制度下交易费用的差异是巨大的。制度成本就是一种制度运行的费用。在这种制度下，单个交易的成本越低，那么这种制度就越有效。发展中国家与发

---

① 参见 ［美］亚历山德拉·贝纳姆、李·贝纳姆《交换成本的测量》，载罗纳德·N. 科斯等《制度、契约与组织》，刘刚等译，经济科学出版社 2003 年版，第 429—433 页。

达国家差距形成的一个重要原因是发展中国家的制度成本高。这种高的制度成本（指单个交易的成本）使发展中国家的分工、交易等经济发展的因素大大地受到影响。

第三章　微观交易成本测量方法

微观交易成本测量是对某一组织、市场及单笔交易发生的交易成本的测量。虽然交易成本本身分类繁多，不同类型的市场和企业种类复杂，给微观交易成本测量造成了困难，目前也没有像核算转型成本那样的专门核算交易成本的会计体系，但很多学者做了各种尝试，并取得了一定的进展。像量化生产成本、利润一样，在寻找更科学定义的长期过程中，交易成本的测量也随之进行、发展和不断完善。

第一节　金融市场交易成本的测量

一　证券交易所交易成本测量

德姆塞茨（Demsetz，1968）通过分析卖出价和买入价间的差额及经纪人的收费对使用有组织的金融市场的成本进行了直接测算和估计。在德姆塞茨的研究基础上，斯特奥和沃勒（Stoll and Whaley，1983）用差价加上佣金去衡量金融市场的交易费用，他们据此计算出纽约证券交易所交易费用。按证券公司规模由大到小的降序排列，纽约证券交易所最大 10% 公司的交易费用占市场价值的 2%，而最小 10% 公司的交易费用占市场价值的 9%。在伯汉沃耶和伯鲁克斯（Bhardwaj and Brooks，1992）的研究中，交易费用占价值超过 20 美元有价证券的 2% 和价值少于 5 美元有价证券的 12.5%。柯林斯、费博基（Collins and Fabozzi，1991）和勒斯曼德、奥格登、特兹辛卡（Lesmand，Ogden and Trzcinka，1999）在德姆塞茨等人的基础上提出了一个比较完善的计算方法，在他们的方案中：

交易费用 = 固定费用 + 可变费用；

固定费用 = 佣金 + 转让费用 + 税费；

可变费用 = 履约费用 + 机会费用；

履约费用 = 价格冲击 + 市场适时费用；

机会费用 = 预计费用 - 实际回报 - 履约费用 - 固定费用。

履约费用出现在有需要立即履约的时候，反映对流动性和贸易活动二者的需求。机会费用是实际投资履行与预计投资履行间的差额，根据固定费用和履约费用而调整。其中价格冲击是指由于买卖价差和券商的让步所导致的资产价格的变动；市场适时成本是指由于市场其他参入者的影响导致交易时资产价格的变动；履约成本是由于要求合同立即执行所产生的成本，它既反映了对流动性的需求，也反映了对交易活动的需求。

这种以卖出价和买入价间的差额及经纪人的收费直接测算交易成本的方法，存在的主要问题是夸大真实的交易成本。因为纽约及美国证券交易所的交易往往以买卖价差之间的某个中间价成交。尽管罗尔（Roll，1984）也提出了使用有效差价来测度交易成本，但是它的模型对纽约证券交易所或美国证券交易所表单上超过半数的证券公司的交易成本估计不了。而且经纪人的佣金中其中一部分属于其执行交易的费用。执行成本常与经纪交易中常用的"软美元"（soft Dollar）是一并核算的。报价加价差的方法实际上只度量了流通于证券市场的市场交易成本，没有测度非市场交易成本。要获得所有证券公司证券收益时连续时间序列的报价买卖差价数据是件很烦琐且困难的事，莱斯莫纳（Lesmonl et al，1999）利用1963—1990年纽约和美国证券交易所列出的所有公司每日证券收益的时间序列数据，使用托宾（Tobin，1958）和诺瑟特（Rosett，1959）提出的 LDV（Limied Dependent Variable）模型内生估计证券市场的交易成本。得出1963—1990年纽约证券交易所最大10%公司和最小10%公司的平均交易成本分别占其市值的1.2%和10.3%，并且与已有的报价价差加佣金方法相比，验证了报价价差加佣金方法其实存在夸大真实交易成本的情况。

二 商业银行交易成本测量

商业银行业，在诺思和威利斯（1986）所定义的交易部门中是最突出显著的领域之一。波斯柯（Polski，2000）发表了论文"美国商业银行的交易成本测量和制度变化"。她为了研究交易成本与制度变化的关系，采用美国商业银行的时间序列数字，测量了美国商业银行的交易成本。她认为，测量的结果虽不精确，但银行的交易成本是可以测量的。分析中所使用的数据来自美国每年出版的联邦储蓄保险公司（FDIC）关于银行的历史统计1934—1998年的数据。在她的衡量中，交易费用分为两部分。第一部分为银行资本金的运用成本，数据则采用银行资金的利息来代替，它反映了银行业的资金费用。第二部分为银行的运营成本，是非利息费用，它反映了银行的信息费用和协调费用。包括：（1）员工的薪水和津贴；（2）居住费用；（3）其他杂费，也就是支付给主管、托管人和顾问组成员的费用，法律费用，广告，公共关系和推广，慈善捐献，办公用品，信息处理，电话费，考察审计费，等等。她的研究显示总交易费用从1934年总收入的69%增加到1989年的85%，然后又减少到1998年的77%。在整个时间序列里，两个类型的成本是负相关的，当资金成本增加时，银行追求降低信息和协调成本，1960年以后两种成本均衡，每种成本分别是总收入的40%，但在1972—1992年银行业制度变化，这种趋同被干扰。1942—1955年利息费用保持平稳，为总收入的10%左右。1955年以后，开始增多，1960年为总收入的19%，1961年以后变化得很快而且不稳，1981年达到总收入的68%，1993年降到33%，1995年以后保持平稳，为总收入的37%左右。非利息费用1935年以后开始增长，到1940年为总收入的61%，1944年降到52%，这个水平相对平稳一直保持到1960年。1960年以后，比率变化很快而且变化得更加不稳定，1981年非利息费用降到总收入的22%，1993年增加到44%，1995年以后平稳到40%。

对非利息费用进行分解，显示出变化的主要原因来自工资、福利和其他费用的变化。第二次世界大战之后，居住费用下降到总收入的

8.5%，工资和福利增加到 61%，其他费用保持平稳在 35% 左右。1960 年以后居住费用增加到总非利息费用的 16% 后保持平稳，工资和福利开始下降，1992 年降到 42% 后保持平稳，1998 年其他费用持续增加到总非利息收入的 47%。

1934 年以后利息费用减少，非利息费用增加，第二次世界大战后两种类型的交易成本都平稳，50 年代后利息费用开始增长，非利息费用开始减少，1969 年利息费用和非利息费用趋同达到总收入的 40%，这个水平持续到 1973 年。1973—1981 年利息费用增加而非利息费用减少。1981 年以后两个费用呈相反方向，1992 年趋同为总收入的 40%。1934—1998 年二者呈反向关系，意味着当银行面对外部治理结构变化时进行内部治理结构的调节，同时证据表明银行在长期的过程中追求节省交易成本。研究表明制度变化的同时，交易成本相应发生变化。由于市场竞争和政府管制的作用，美国银行业的利息费用与非利息费用的逐渐变化已与制度的变化相适应。

第二节　不同契约型企业交易成本衡量

一　威廉姆森为微观企业交易成本测量奠定了方法论基础

威廉姆森从不同的企业契约类型比较出发，认为交易费用高低与企业的契约类型具有依存关系，指出交易费用"序数"计量的可能性。尽管其绝对数无法测量，但交易费用的比较方式在"序数"的基础上是有意义的。采用了一种间接测算方法，把专用性投资间的某些关系（如所采用的合同类型）作为对交易成本的测度。威廉姆森的交易成本经济学从微观企业层面对交易费用进行了系统研究。他认为，尽管直接计量"事前"和"事后"的交易费用困难，但可以通过对制度的比较来对交易费用作出测算。例如，如果用 $G1$、$G2$ 表示一组可供选择的制度安排，$G*$ 是被选中的制度安排，$C1$ 和 $C2$ 是制度安排方案所对应的交易成本，则可以得到如下式子：

若 $C1 < C2$，$G* = G1$

若 $C1 > C2$，$G* = G2$　　　　　　　　　　　　　　　　（3 – 1）

那么，如何测量每一种制度安排方案下的交易成本呢？

首先要揭示各类组织安排有所区别的制度属性如何影响与组织相关的成本，然后以差别化方式将上述成本的发生与交易的各个可观察维度（如资产专用性、交易频率等）相联系。因此可得如下关系式：

$$C1 = \beta_1 X + \lambda 1 \qquad (3-2)$$

$$C2 = \beta_2 X + \lambda 2 \qquad (3-3)$$

式中，X 为影响组织制度成本的可观察的特征向量；β_1 和 β_2 为参数向量；$\lambda 1$ 和 $\lambda 2$ 为未被观察到的因素。比如，决策者估计组织制度成本时发生的误差等。所以，即使无法直接测量交易成本，仍可以通过具体分析交易如何导致各组织形式的效率差别来设计可检验的假设，并根据 β_1 和 β_2 的相对量建模进行预测。

通过实证分析，观察到制度 $G1$ 的概率为：

$$Pr\ (C1 < C2)\ = Pr\ \left[\ (\lambda 1 - \lambda 2)\ < (\beta_1 - \beta_2)\right]$$

X 取决于 $(\beta_1 - \beta_2)$ 的符号。

以上假设很容易用定性选择模型（如 PROBIT 模型和 LOGIT 模型）加以检验。威廉姆森的比较选择逻辑还可用于任何一个由离散的制度或组织（安排）所构成的集合之间的选择。

二 蒙特沃德（Monsteverde）等人对交易成本比较测量方法的响应

受威廉姆森的影响，用比较的方法测量交易成本得到广泛的响应。蒙特沃德等人 1982 年对汽车行业部件供应一体化及对生产性资产的产权分配的研究。乔斯科（Joskow，1985）根据发电厂的历史用类似的方法，分析了制度安排对交易成本的重要性。舍兰斯基和克莱因（Shelanski and Klein，1995）、克罗克和马思腾（Crocker and Masten，1996）、博尔纳和马赫（Boerner and Macher，2001）、万诺尼（Vannoni，2002）也有相同的研究。他们认为交易费用是理解经济组织和契约安排选择形式的关键。重要的是在与其他相关的一种组织或契约形式中进行交易的费用。因此，问题并不是交易费用的绝对数目，而是选择不同的组织或契约而带来的交易费用的相关顺序。在这些经验研究中，交易费用不是直接衡量。一些代表因素，如不确定性、交易频率、资产特征、投机性等被采用，这些都被认为会严重影响交易费用。所选代表和组织管理之间统计上的重大关系促使交易费用的有效利用，这使各种生产契约安排的统一逻辑更为清晰明了。但以作为分析单位的交易为基础，在比较制度分析框架中引导，这种研究常常遇到量化交易费用的绝对标准这样棘手的问题。

钱德勒对交易成本的可测性做出了革命性的贡献，他认为企业组织费用是市场交易费用的内部化，是交易成本的一种类型，并以美国铁路企业一体化的例证说明了两个企业间的市场交易费用是如何转化为一体化企业中的行政协调费用的。由于企业发生的一切费用均是可核算的，这就为交易成本的绝对量核算奠定了基础。

第三节　交易效率间接测量交易成本

"交易效率"（transaction efficiency）最先由经济学家杨小凯于1988 年提出（Yang，1988）。杨小凯认为，交易成本可划分为外生交易成本（exogenous costs）与内生交易成本（endogenous costs）。前者指交易过程中直接或间接发生的成本，它不由决策者的利益冲突引起，如交通费用，来自技术、自然、地理与基础设施等因素。后者是指个体自利决策的结果带来的资源耗费，它由人类互相行为引起，并且后者比前者对经济发展的影响更大。假若一个人购买一单位商品时，他实际只得到 K 单位商品，或者当他购买一元商品实际只得到 K 元价值时，其中 $0 \leqslant K \leqslant 1$，那么这 $1-K$ 部分便可称为交易成本，而 K 部分可称为该笔交易的交易效率。这样，经济体中的交易效率便既可由技术条件（新的运输技术或运输基础设施）引起，也可由制度性变化（更有效地保护产权的法律或更有竞争性的银行制度等）引起。显然，这一概念已明确了运输条件、运输技术和制度改革在经济发展中的同等重要性。

赵红军（2005）将交易效率界定为一定时间内一国经济体中交易活动（与商业活动相联系）或业务活动（与行政活动相联系）进

行的速度快慢或效率高低。这个定义是有启发意义的，但交易效率的主体可以是在宏观的国家或地区层面，也可以是在微观的企业、家庭、居民等层面；同时，与行政活动相联系的业务活动，实际也是不同主体之间的交易活动，区分交易活动和业务活动的意义并不很大；效率的度量可以表现为时间快慢，而时间并不是度量效率的唯一准则，还有履约质量等方面。

高帆（2007）认为交易效率是分工收益与交易成本之间的比较关系，在市场经济条件下，人们的经济活动更多表现为人与人、个人与组织以及组织与组织之间的交易活动，交易对象可以是实物或货币，也可以是服务或权利，因此交易是人类经济社会中最基本的活动。然而，交易的形成、展开和完成是需要条件与投入的，因此，交易效率可以被界定为：经济体在特定时期内，交易参与方在开展交易活动时的投入—产出关系。此处将交易效率范围界定为宏观意义的经济体，如国家、地区等。同时，交易活动的投入表现为完成交易所得紧密相连。因此，假定交易具有同质性，则交易效率在宏观上可以表示为单位时间内完成的同质交易活动的次数或效率，交易效率与这种次数或频率正相关。在微观层面上，交易效率表现为在特定范围和时间内，完成同质交易所需要的时间或物质等投入程度，交易效率与这种时间或物质等投入呈反相关。

在微观层面上，交易效率表现为在特定范围和时间内，完成同质交易所需要的时间或物质等投入程度，交易效率与这种时间或物质等投入呈反相关。一项交易，投入的时间和物质越多，意味着花费的交易成本越大，反之就越少。第索托等人利用这个交易效率和交易成本的关系进行了实证研究，考察创办企业花费交易成本的多少。

第索托为了比较在美国和秘鲁创办新企业花费的交易成本大小，1983年分别在秘鲁的利马和美国佛罗里达州的坦帕，开设了一个小型的成衣工厂，用办企业许可所花费实际时间的多少，来对比交易效率，从而间接地衡量交易成本大小。研究小组在秘鲁的利马依法建立一个新的小型成衣工厂所需的官僚程序，花费了289天。在美国佛罗里达州的坦帕重复这种模拟时，仅仅花了两个小时。第索托（1989）

的领先研究所关注的是在诺思和威利斯（1986）中丢失的那部分，也就是"非市场交易费用"经诺思和威利斯（1986：99）确认，交易部门只取得在市场中流动的那个部门交易费用，如资源花费在等待、获准交易、跳过繁文缛节、贿赂官员等。这些非市场交易费用在经济的发展和转变中滋生猖獗，尽管官方交易部门的规模很小。非市场交易费用对于没有理解经济的一个明显原因是极其重要的。正如科斯一直所强调的一样，交易费用不仅影响生产契约安排，还影响在市场上生产和销售的产品与服务的数量以及类型。如果威廉姆森交易费用经济学只专注第一主体，那么该组研究就是关注第二主体。

某些文献着重于交易中的费用。例如布鲁纳和梅尔策（Brunner and Meltzer，1977）用到的例子是一个很好的例证。假设某个人计划去购买一个房子，作为一名消费者，他花费了大量的时间和金钱去考察房子，谈价钱，获得其他房子的资料信息，等等。只有一部分他的花费转移给了卖方。因此，交易费用是"消费者承受的所有费用并没有全部转移给物品的卖方"。的确，一般交易费用被认为是消费者支付与卖方所得之间的差异，或是尼汉斯（Niehans，1987）所称的"买卖价格间的差价"。在诺思和威利斯（1986）中，银行业属于交易部门。因此，所有产生的收入被计为交易费用。从波尔斯基（Polski，2000）的简单原因分析中，排除了贷款和租赁损失、安全损失、所得税以及特别花费的供应。但如她所确认，这样的费用"也可能反映银行业中的组织费用"。

亚历山德拉·贝纳姆和李·贝纳姆（1998）及其研究小组比较了国家汇费的成本。他们的研究还表明一个信息是一物一价法则通常不适用。例如，在两周内，马来西亚及阿根廷安装电话的实际价格从130美元到6000美元不等。

嘎波莱－梅辛（Gabre-Madhin，2001）在对埃塞俄比亚谷类市场的研究中衡量了商人面临的交易成本。对于每笔交易而言，作者衡量了寻找合作伙伴投入的劳动时间的成本及在寻找过程中经营资本的机会成本。后者是在等待贸易的执行过程中，商人用来计算粮食储备阻碍营运资金的一种度量制度。在她的1996年调查中，交易成本占总成本的19%。在这一类文献中强调的一个重要因素是创办生意的成本，即开始做生意的成本。这有别于经济文献中强调的做生意的壁垒，如垄断、大型的创办资本投资等。而强调的是政府施加的阻碍条例，如注册及许可要求、房地产的销售或租赁条例、进出口条例及税收。这些壁垒强迫企业家在外开办其企业，或更糟，阻碍他们共同开办企业。例如，考夫曼、斯利菲（1997）及巴尔采洛维齐（2002）等人在他们对创办生意成本的世界性（85 个国家）的比较研究中，詹柯夫、拉·波尔塔及斯利菲（2002）衡量了在开始法律运作之前开办企业必须承担的手续的数量、正式的时间及正式的成本。基波斯茨特基和格阮·A（Zylbersztajn and Gra. A，2002）衡量了在巴西服装业的开办企业成本。一般来说，货币成本大约是人均国民生产总值的11.3%，且需要经过 9 个行政部门的手续，时间成本为 64 天。

所罗门（1999）、蒂坦伯格（2002）强调的是交易费用在排放贸易中的作用及在总的环境保护中的激励作用。科尔比（1990）在对将水从农业转到其他用途的研究中，强调政策诱发的交易费用（PITC），包括律师费、工程及水利研究、法庭费用及支付给国家机构的费用，不包括用水权费及曾被检验的实施的转移费。根据科尔比（1990）研究可知，PITC 每英亩水的转移费平均为 91 美元，国家内有所不同：科罗拉多每英亩 187 美元、新墨西哥 54 美元、犹他州 66美元。衡量 PITC 的另一种方法是花时间等待国家机构批准。延期时间在科罗拉多为 29 个月、新墨西哥为 43 个月、犹他州为 5 个月。麦肯及伊斯特尔（1999）在明尼苏达河的非点源污染控制项目的研究中衡量了交易费用的数量及 4 种不同的政策来降低非点源污染。在他们的研究中，交易费用包括信息收集及分析、立法的制定包括政策的疏通费、设计及实施费、进行的项目的支持及管理费、监控/侦察费及干扰/诱导费。通过与制定项目人员及其他人面谈直接对所需劳动力进行衡量，然后将其转化为货币成本。其结果表明化肥的税收交易费用最低（94 万美元）、其次是最优的管理实例教育项目（311 万美元）、种植土地保留耕地要求（785 万美元）及永久保留地役权项目扩展（937 万美元）。在环境规则（如哈恩，1989；斯达芬斯及怀特海，1997）中各种排放贸易系统不断地被采用以代替传统的命令与控制方法。然而，如研究中最近所指出的那样："交易费用在一些销售许可项目中价格异常高"［蒙特罗，1997；斯达芬斯，1995；甘加达兰（Gangadharan），2000］。因此，贸易的潜在利润远非能够实现。例如，因为高额的交易费用，哈恩及赫斯特（1989）建议弗克斯河水污染物贸易项目失败。行政要求基本上根除了潜在的贸易收益。研究确定了几个在排污权交易中决定高额交易费的因素：（1）在一些程序中，买方和卖方没有用来确认彼此的较为容易的方法；（2）经过协调的认同代价很高而且过分冗长；（3）就预计立法者如何确定所认可的最低的排放水准以及排放控制等方面，公司面临着巨大的不确定性因素。

在制度和经济增长文献中，其包括作为被广泛理解的交易处理费用的代理人规范，例如：柏斯利（Besley，1995）和约翰逊（2002）等人系统地、经验性地证明了在制度方面与经济发展相关的要点。在这些研究中所度量和指出的内容不是就其本身而论的交易费用，而是制度无效的成本或拙劣的管理成本。在俄罗斯，《纽约时代周刊》（2003 年 2 月 10 日）的一篇关于腐败的文章报道称俄罗斯公民每年大约行贿 30 亿美元，其数额大约是其收入税的一半。为了使事情进展顺利，企业主会支付 330 亿美元的费用，而这笔数额只比 2002 年联邦预算收入的一半少一点儿。交通警察每年受贿额为 3.68 亿美元，而略高一筹的教育工作者，其年受贿额为 4.49 亿美元。在最近的 NRBE 报纸中，罗德里克等（Rodrik et al.，2002）估算了制度、地理以及贸易在确定世界收入水平的各自贡献，其结果显示制度的质量胜于他们所认为的任何可变量。

第四章 交易成本的宏观测量方法
——交易行业测量方法

目前国民经济交易成本的测量具有可操作性的、被广泛认可的是由诺思和威利斯（1986）首创的交易行业方法。他们用这种方法对美国经济 1870—1970 年的交易成本水平进行了实际测度。兰斯·戴维斯（Lance E. Davis）说："威利斯和诺思开始衡量美国经济中在过去的 100 多年里的交易成本水平并检查其成本水平的变化，这项任务确实是一个大胆的事业，然而，就像很多船长在未知的海域中航行一样，他们应该意识到有些海岸布满了无法预知的危险暗礁，在这个例子中的危险往往要超出语言和逻辑"，"作为首次去量化一种和交易费用一样难理解且表面看来难以估量的概念，威利斯和诺思（1986）的论文还没有惊人地招来许多批判"（戴维斯，1986）。交易行业测量方法是一种间接测量国民经济交易成本大小及其变化的方法。它以与交易直接相关或不与交易直接相关为标准，对经济行为及行为人进行分离，把资源分为与交易直接相关的资源及不直接相关的资源，然后把对与交易直接相关的资源进行加总而形成测量国民经济交易行业的估计量。以后许多学者相继运用这种方法测量了日本、德国、法国、澳大利亚、阿根廷、荷兰、新西兰、印度、波兰、乌克兰等国家的交易成本的规模及其变化情况，并得出了基本相似的结论。本章分别在第一节、第二节与第三节介绍诺思和威利斯测量方法的理论框架、对私人交易行业的测量、对公共交易行业的测量；第四节是其他人在复制这种方法的过程中对诺思和威利斯的发展；最后一节是对本章的总结。

第一节 基本理论框架

一 使交易成本定义成为可操作测量的概念

诺思和威利斯认为，他们之前少有人试图对交易成本进行量化分析，主要源于三个原因：一是随交易成本产生的具体因素缺乏一致的看法，威廉姆森主要关注于欺骗和机会主义产生的成本，斯蒂格勒认为交易成本主要为信息搜索成本，阿尔钦（A. Alchian）和德姆塞茨则认为交易成本产生于对生产过程中多种投入的协调。二是由于很多理论的探讨具有相对静态的性质，比如，只说明不同情形下交易成本的高低对比，只解释不同的组织形式潜在交易成本高低，而这些交易成本的比较手段都不能为测度交易成本水平有所帮助。三是一个基础性的问题是缺乏清晰的、理论一般化的交易成本概念，如把交易成本定义为"产权交易的成本""经济制度运行的成本"等，都因为过于抽象和笼统而不具有实际操作性。

所以，诺思和威利斯首先使他们的交易成本定义成为与他们可得的统计数据相一致的可以测量的概念。

他们认为总成本包括交易和其他成本，每一个经济活动包括交易和其他成本要素。的确，他们认为交易成本的测量应探究每一个交换，分开这些成本。不幸的是，这样测量的数据是不可得的，取代的方法是分开经济活动和行为人，看他们主要是与进行交换相联系还是相反。他们认为经济活动包括转型活动（transformation activity）和交易活动（transaction activity），转型活动是直接把投入转为产出的活动。耗费在转型活动中的资源执行转型功能（transformation funtion），目的是把投入转为产出，转型功能执行把投入转为产出的任务。它包括材料物资的物理转变，如组合木料和钉子成房子的框架；包括空间和时间的转换，如木材和钉子从工厂及商店被运到建筑工地；包括智力转换，如建筑师设计的房屋规划。耗费在交易活动中的各种资源执行着交易功能（transaction function），目的是使交换得以进行（making exchanging）。社会经济需要这两种功能的运作。

这样，交易成本（transaction cost）与转型成本（transformation cost）就成了对交易活动和转型活动的具体投入，这种基于涉及经济活动的成本概念具有交易成本测量的可操作性。任何经济活动的成本都由交易成本和转型成本组成。交易成本就是与进行互换相关的、执行交易功能的成本；转型成本就是把投入转换为产出、执行转型功能的成本。不论是执行交易功能还是执行转型功能都需要投入的使用，当说到交易成本时，意指投入使用的经济价值在执行交易功能，交易成本包括在进行交易过程中使用的劳动、土地、资本和企业家才能，依照确定哪些劳动、土地和资本成本被包括在交易行业中来确定交易行业的规模。这两个功能其实都是"生产性"的，因为交易成本和转型成本共同构成生产总成本，只有总收益超过了总成本才能形成利润，转型成本和交易成本行为的相似性是很重要的，因为不用为处理人类行为关系而发生的交易成本专门再重新创立一个"交易成本"理论，只需要价格理论就够了。

在一般的行为经济理论中，不用区分交易成本和转型成本，不过，进行经验研究对两种功能进行区分是有意义的，可以为研究定出正确的原则。

他们通过买者和卖者之间的简单关系进一步具体解释什么是交易成本。

以购买房屋为例。对于去购买商品（或服务）的消费者来说，交易成本是由消费者承担的但没有转移到销售商品（或服务）的卖者身上的所有成本。在购买房屋的例子里，包括看房花费的时间、获得对房屋进行选择及价格的有关信息、法律费用及作为消费者所建立的信誉的成本等。这里的关键因素是，交易成本是购买房屋花费的而生产者没有收到的那部分成本。

生产者一方发生的交易成本就是出卖（生产）房屋的成本，如果该生产者（出售者）把房屋卖给自己就不能发生的那部分成本。卖者的交易成本包括经纪人的费用、广告费、等待买者光顾房屋的时间花费、保险费及作为卖者建立信誉的费用等。

不论是买者还是卖者，并不是所有的交易成本都发生在交易时的那一点，一些成本发生在交换之前，比如收集有关价格、确定对方的信誉、确定房屋的质量、对房屋进行选择；发生在交换时的成本有公正人的费用、财产保险费等；事后的交易成本有协调成本、执行成本和监督成本等。

交易成本就像发生在买卖双方中其他成本一样，需要对之进行成本—收益的衡量。比如，对于买者，在他购买房屋的收益大于他在购买房屋过程所发生的交易成本与转型成本的总和时，他才最终去购买。再比如卖者，也要进行成本选择，是花费更多的广告费，还是降低房屋的卖价来吸引买方，房屋卖方或买方的交易成本与转型成本在合适的边际上可以互相替代，因此可以用相同的理论对待。

发生在买者与卖者身上的交易成本，一些与市场行为有关（雇用律师与经纪人），一些无关（寻找房屋的时间和等待买者光顾的时间），从概念上这两种类型的交易成本没有区别，但从经济研究上要分成两部分，人们可以观察和测量律师与经纪人市场服务的具体交易成本，但不能观察到搜寻和等待买者的成本。与市场行为有关的物品和服务的交易所费成本是购买交易服务，交易服务是交易成本中可观察的因素。在房屋的例子中，律师和经纪人提供的就是交易服务，交易行业测量法，就是要测量提供给经济的交易服务的水平，而不是整个交易成本的水平。

这里的交易服务和交易成本的概念完全类似于国民收入账户中的市场收入与总收入的概念，GDP 没有要求测量一个社会中个人的全部收入（像所有者占有的房屋和非市场的农户产品），而是测量通过市场过程产生的个人收入。同理，交易成本测量中，也是抓住了通过市场的那部分交易成本。

但是当卖方或买方，不是个人而是由个人组成的团体——企业时，交易成本的估算在某种程度上就更复杂。超越单个的买者与卖者去考察企业特别重要。为了便于描述，诺思和威利斯考虑了哈瑞·福特的汽车制造厂例子。福特卖汽车的交易成本是福特如果把卡车卖给了自己就不能发生的成本，比如销售成本中发生在与销售广告、销售代理、法律班子和发货部门相关的成本是交易成本。同样，在福特从他的供应商那里购买投入时，交易成本就是为了协调关系而由福特承担但不能转嫁到生产者身上的成本，如发生在购买部门、收货职员、人事协调部门中的成本。

最困难的问题是产生于企业部门的交易成本，根据科斯和产业组织理论的文献，把企业看作由一组合同构成。它是所有者与管理者之间、管理者与监督者之间、管理者与工人之间、监督者与工人之间相继的、一系列的合同。在链条的顶端是哈瑞·福特（他或者是股票持有者）。他把工厂交给管理者经营，从管理者手中购买车，福特发生的交易成本是他支付给会计、律师、秘书等职位的人的费用，他们为他进行协调、执行和监督他与管理者之间的交换。反过来，管理者在为福特生产车的过程中承担的交易成本就是福特为自己生产车，福特就不会承担的成本。这样，在企业当中存在着所有者→管理者→监督者→工人相互交换的阶层。从链条的顶层福特一直延伸到底层的工人所发生的交易成本，既包括传达信息的成本，也包括监督、执行合同的成本。

链条的顶端大量的交易成本包括处理和传递信息，主要由职员来完成的任务。把链条移到工人，交易成本包括传递信息（工头）和监督劳动合同（工头和监视员）。

再简单地解释一下就是，福特购买企业的产出（车），生产者（出售者）实际上就是制造车的工人，所有的中间岗位包括管理者、监督者、检查者、职员产生的由福特承担的但不能转嫁给生产者的成本，就是企业内部的交易成本。就是说，福特购买中间岗位的交易服务是为了协调、实施和监督他与进行转型服务者之间所进行的交换。

一种特殊的企业类型就是中介，他们主要提供交易服务。

诺思和威利斯认为：交易成本是交换和执行产权的成本，如签订了合同，如果一方没有履行合同，另一方就要诉讼，所有这些监督合同和法律行为都是交易成本的组成部分。

二 划分交易职业、转型职业与交易部门、转型部门

根据交易成本的定义及交易功能和转型功能的区别，他们把国民经济部门划分为交易部门和转型部门，把社会人员的职业划分为交易职业和转型职业。在划分的基础上界定测量范围。

所谓交易行业，就是提供交易服务的行业。交易服务就是致使市场交换产生交易成本的部分，它排除了非市场的交易成本部分。而一个较低的交易服务价格或较高的交易效率水平则可以说是经济发展的直接推动力。交易服务的存在便利了人们的专业化和劳动分工，提高了生产和交易活动效率。交易行业主要包括零售与批发贸易、金融保险、房地产、咨询等交易部门；生产非交易物品和服务的部门内部中提供交易服务的行业，如律师、销售人员、财会等；公共部门中提供交易服务的行业，如司法行业。虽然在现代经济中测量国民经济的交易成本的大小已非常重要，但因为各种因素的限制，不能按照定义去观测交易成本的各因素，只能测量交易服务部分即交易行业。

所谓交易部门，就是在公开市场上为产权交换而提供交易服务的各种部门，包括金融业、房地产业、批发零售业、广告业、各种咨询业、保险业等，交通业除外。它们主要是提供交易服务，执行交易功能，其目的是协调经济中各间接组织之间、人与人之间的各种关系。所以它的全部资源、全部投入使用的价值是交易行业测量的组成部分。但必须确定那些企业（部门）是中介或被称为"交易部门"。

转型部门是生产非交易物品和服务的部门，如农、林、牧、渔、矿等。主要是为了改变物资的属性（如颜色、地点、尺寸、化学性质等）的部门。

以在经济中是否执行交易功能为标准，确定哪些部门属于交易行业，哪些部门不属于交易行业之后，还要利用劳动合同详细地确定非交易行业的企业和部门中，哪些人执行交易功能，哪些人不执行交易功能，是进行交易成本估计不可或缺的要素。执行交易功能的职业为交易职业，执行转型功能的职业为转型职业。在这些企业内，要明确主要与交易功能相关的职业，包括投入的购买、产出的销售、企业内

对转型功能的协调和监督。要用正确的方法来确定企业内部的交易服务职位,把企业内主要提供转型服务的职位剔除掉,得到直接为企业提供交易服务的职位。

三　界定测量范围

诺思和威利斯说:"我们测量交易成本的最理想的方法是分析每一次交易并把这些成本分开来。不幸的是这样的测量方法是不可行的。取而代之,我们的基本方法是把经济活动和行为分为主要与交易有关的及与交易无关的。加总与交易有关的这些活动的资源就组成我们对交易行业的估值。"(诺思和威利斯,1986:97)虽然在现代经济中测量国民经济的交易成本的大小已非常重要,但因为各种因素的限制,不能按照定义去观测交易成本的各因素,只能测量交易服务,交易服务就是致使市场交换的交易成本部分,是可以用货币表示的交易服务,交易活动为了货币进行交换,如果这样的交换被统计到国民账户中,原则上说,它们作为账户中的产出价值或投入价值是可以被测量的。这种测量方法类似于国民收入的测量,国民收入也只是测量一个社会中通过市场过程产生的个人收入,并不是个人的全部收入。所谓的交易行业就是提供交易服务的行业。提供交易服务的人、财、物被包括在交易行业之中。当然,这排除了非市场的交易成本部分。

为了测量交易服务的水平,我们把焦点集中于三种基本的测量类型上。

国民经济交易成本测量框架确定了国民经济中涉及交易成本的三大部门:非交易服务部门、交易服务部门和国家公共交易服务部门。

而对于不可观察的交易成本,诸如个人搜寻和等待成本是无法进行测量的,将不进行任何测量和估计工作,就像 GNP 统计与总收入之间的关系一样,交易费用测量只能测量经过"市场过程"的项目。因此,交易费用的宏观测量第一步工作是交易范围的确定,确定交易成本国民经济部门范围,然后再测量各部门内不同组织的交易成本,最后将其加总,便可以得到整个国民经济交易成本数额、测量非交易部门的企业内部的交易服务。为此,把人员划分为直接提供交易服务和直接提供转型服务。估计交易职位的雇员者的工资，作为由这些工人提供的交易服务的测量，成为非交易部门交易行业规模的估计。

在公开市场上提供交易服务的所有资源，这部分统称为"交易部门"。它包括金融、保险和房地产，批发贸易和零售贸易。

批发贸易和零售贸易也包括一些转型活动，但他们没有把这些成本剔除掉。

他们没有确定保护服务是否可以指定为交易部门，但如果把它们列入非交易行业，就感到很不舒服。因此，他们把警察、保卫、治安（police、guards、sheriffs）等包括在交易行业中。

问题是能否把运输成本看作批发商提供的交易服务的组成部分。从交易成本的定义看，交易与交换的概念不同，交易不再是以实物为对象，"不是实际'交货'那种意义上的'物品'的交换，它们是个人与个人之间对物资的东西的未来所有权的让与和取得，一切取决于社会集体的业务规则"[①]。货物运输是商品实体运动，仅仅是物资的运动而不是交易主体之间协调、转移所有权花费的成本，商品的运输是一种劳动程序，给物资的东西加上"地点效用"。所以，这部分运输成本不是交易成本，这意味着运输业不能被认为是交易行业，不是交易行业测量的组成部分。

非市场的交易成本部分被排除在测量之外。比如，消费者发现产品特征的时间投资。因此，诺思和威利斯没有测量经济中这样的交易成本水平。他们的交易行业的估计应比整个经济中交易成本的水平低。

第二节　私人交易行业的测量

私人交易行业的测量包括对私人转型部门中的交易行业测量和对私人交易部门中的交易行业的测量。

---

① ［美］康芒斯：《制度经济学》上册，于树生译，商务印书馆1983年版，第74页。

一 私人转型部门的测量

转型部门实质上是主要承担把要素资源转换为非交易商品和服务的部门。在这些部门中，消耗的绝大部分资源被投入转型功能中，小比例的资源用于雇用与交易相关的工人以为转型功能提供交易服务。虽然非交易部门是生产非交易物品和服务的部门，但这些部门的企业都进行着交易活动，比如购买投入产品、协调监督生产要素活动、产品的推销等都涉及交易成本。需要说明的是，由于各种因素的限制，现在还不能把所有投入交易的资源从投入转型中的资源分出来，这种方法能做到的只是把测量侧重在与交易行业相关的劳动成本上。对私人转型部门中的交易行业的测量包括以下步骤：划分出转型部门中的交易职位和非交易职位；确定每个部门中交易相关职位人员占整个人员的比例；这个比例用作划分每个部门中交易人员与非交易人员的工资以确定交易相关人员的收入额；合总各个部门的交易相关人员工资支付价值；被当年 GDP 除以表达出工资支付额占 GDP 百分比的形式。

（一）明确"转型部门"及"转型部门"中的"交易职位"

按照转型部门的含义，即"转型部门"是生产非交易物品和服务的部门，那么诺思和威利斯认为应包括：

（1）农业，包括渔业和林业。

（2）矿业。

（3）建筑业。

（4）制造业。

（5）运输业，包括通信及实施。

（6）服务业。

转型部门中的交易职位：

（1）所有者及经理人员，包括各层管理者。科斯指出：在企业外部，价格运动指导生产，它们通过市场上的一系列的互相交换的交易来协调。这些结构被企业家的协调人所取代，他们指挥生产，协调由各类管理者完成。他们由两组组成：一组由协调和监督组建企业的复杂的长期合同的人员组成，主要有所有者、经理、业主等；另一组由各类工头组成，主要有直接管理工人的工头、检查员、检量员、测量员、过磅员、指挥者等。

（2）文秘人员。管理者和工头的工作需要一个良好的支持网络，他们主要目的是给管理者提供和处理信息，这一职业组包括簿记员、秘书、速记员、理货员、接待员、文书等。专职人员包括财会、律师、审判员、公证员、人事与劳动关系人员等。

（3）销售人员。与企业购买投入或销售产出有关的职业，包括各种代理人，如船舶业务代理、销售代理、销售员等。

（4）专职人员。与处理信息和进行交换相关的专业人员，包括财会、律师、审判员、公证员、人事与劳动关系人员等。

（5）保卫人员。涉及保护产权的人员，包括警察、卫士、看护者、警卫员、侦探等。

（二）确定每个部门交易职位的人员占整个人员的比例

在理论上明确了转型部门中什么职位属于交易职位，什么职位属于转型职位后，下一步就要将这些部门中的交易职位人员从整个人员中分离出来。由于现有统计是在主流经济学理论环境下建立起来的，在统计中并没有分别列出交易人员和转型人员。所以分离出交易人员的工作并不是一件容易的事情。诺思和威利斯划分两个时期以不同方法来获取的这个数据。

1910—1970 年直接根据官方发布的有关各部门职业状况普查数据（联邦商业部，1975：140—145）统计，获得每个部门交易人员的份额。

1910 年以前的数据是用有关数据及其他人的研究成果估计得到的。因为美国 1910 年以前的人口普查没有按部门收集雇员的信息，而是按社会职业的人员状况收集的信息。这样就得根据按职业统计的人员数据把按部门统计的交易职位人员数据导出来，把交易职位的人分解出来，并分在每个部门中。他们利用爱德华（Edward，1943）的《美国比较职业统计 1870—1940》及其他人的研究成果分布这些人员，因为爱德华等人的研究报告了部门按职业的雇用情况。

（三）估算每个转型部门中交易行业工人的酬金

确定了居于交易职位的人员在非交易部门中的比例后，下一步就要把它们转换成投入在每个部门中的实际货币价值，在估算的时候可能因雇员的统计状况和适宜的国民收入数据来分段并采用不同的办法计算。

诺思和威利斯分三个阶段用三种不同的方法估算了交易行业人员的酬金。

1930—1970 年，直接用这个时期的交易人员的份额乘以所有非交易部门的全部雇员的酬金，合总这些部门的交易人员酬金。雇员酬金直接取自国民收入和生产账户（联邦商业部，1981）。

1900—1940 年，这期间 1920 年的各部门交易人员的份额不能从有关数据得到，只能用 1910 年和 1930 年的平均份额数而近似得到。然后每部门的工资酬金的计算是采用斯坦利·利波哥特（Stanley Lebergott，1964）的数据，再用统计年代的交易人员的份额乘以当年各部门的酬金，得到各部门的交易人员的工资额。

1980—1900 年，这些年代也不能直接从国民收入和生产账户获得数据，就得用间接的方法估算。诺思和威利斯依据戈尔曼（Gallman）和威斯（Weiss）的方法，首先依据包含在戈尔曼和威斯研究中的外推率（extrapolating ratios），农业 0.6525，其他部门 0.6556，按产业乘以戈尔曼的增加值获得发生在农业、矿业、制造业和建筑业的收入。然后每个产业的收入与布德（Budd，1960）的要素份额相乘转换成工资额。这些估计的工资额按部门再乘以交易人员的份额就获得按部门的工资额。关于运输，诺思和威利斯采用戈尔曼与威斯的增加值的估计直接用布德的要素份额相乘。服务业和政府的增加值就等于总工资。总之，每个部门的交易人员的工资由部门交易人员的份额乘以部门工资计算得到。

（四）汇总各个转型部门的交易行业人员的酬金

把农业，包括渔业和林业、矿业、建筑业、制造业、运输业，包括通信及设施、服务业各部门的交易人员的酬金加总，得到各年代私人转型部门的交易行业的劳动资源。

（五）计算转型部门中交易人员的总酬金占 GDP（GNP）的份额

所有转型部门交易人员的总酬金被当年 GDP 除。GDP 取自国民收入和生产账户。得到转型部门中交易人员的总酬金占 GDP（GNP）的份额。

诺思和威利斯的结论是，美国非交易部门的交易职业的雇员人数和工资收入在整个雇员人数与工资收入中的比例及占美国 GDP 的份额从 1910 年到 1970 年都稳定上升。美国非交易部门的交易人员在 GDP 中的份额，从 1870 年的 1.4% 上升到 1970 年的 10%，如果把政府看作非交易部门，则这个数字从 1870 年的 1.5% 上升至 1970 年的 14%。

二 私人交易部门的测量

私人交易部门包括金融、保险和房地产（FIRE）及批发、零售贸易部门。根据"交易部门"的含义，房地产、金融、银行和保险这三个部门是交易服务中介，为社会交易提供服务，所以它们很清楚是属于交易部门的。这些部门提供的是"交易性服务"，消费者支付给这些部门的费用体现在国民收入账户上，因而可以由此推出这些交易支出的总规模。关于在批发、零售贸易部门中，批发商和零售商主要、更多的是转移不同所有制之间的产品所有权，投入与转移、获取和保护权利相关的费用就是交易成本（巴泽尔，1997）。他们获得物品的所有权后用不同的方式转移产品，最重要的是在不同的生产者之间和生产者与消费者之间转移产权，所以它们自然也属于交易部门。发生于批发和零售贸易中的运输成本，就像前面论证的运输成本不能被看作交易服务的组成部分，不在交易行业的测量范围之内。由于用于贸易和房地产的所有投入都为了交易服务，所以这个领域的交易行业的测量要估算用于交易部门的所有资源。对交易部门的交易行业的测量不同于通常使用的衡量一个部门对 GDP 的贡献，如部门产出、价值增值或收入，只关心交易部门使用的资源的价值，不强调它们的经济服务价值。投入的全部资源价值计算的一般公式是：

总资源 = 总产出 = 中间产品 + 增加值

中间产品 = 国内产出的中间使用品 + 所有进口

增加值＝工资＋净利润＋所有的税收和费用

（一）对批发、零售贸易部门交易行业的测量

诺思和威利斯采用两种方法来评估用于批发和零售贸易中的资源价值。

第一种方法：这种方法直接源于国民生产总值的商品流通估值。商品流通估值从生产价格中商品产出的价值开始，然后（在适当阶段加上运输费用）通过估计产品从生产者到消费者过程中的销售加价毛利，增大了商品从生产者价格到消费者价格的价值。直接法是分离出（extricate）国民账户中隐含的销售毛利。销售毛利可以用作度量交易中使用资源量，进行调整后，将销售中间产品使用的资源包括在内，因为中间产品不包括在商品流通估值的范围内。

在利用商品流通估值来度量贸易中使用资源时，存在一个概念上的难点。一些出售给批发商的商品被转给生产商而不是零售商。GDP的商品流通估值不包括销售毛利中销售中间产品的费用，因为一旦包括在内，将会抬高分销的加价毛利，导致销售价格中商品流通的过高估计。而估计用于贸易中使用的资源必须包括销售全部商品的资源成本：中间产品和最终产品。

诺思和威利斯分几个阶段用不同的研究数据估算了贸易中使用的资源占 GDP 的份额。

1958 年后的四年中，批发和零售贸易中使用的总资源可从商业部编写的投入产出表中获得。1919 年和 1929 年，库兹涅兹（Kuznets）在《商品流通和资本形成》中报告了贸易中使用的总资源，包括批发和零售贸易中使用的资源总成本。但是，1919 年以前，只能从现有的有关商品流通的数据中估计贸易中使用的总资源。这个估算要把巴杰（Barger）和戈尔曼的工作结合起来。戈尔曼计算了来自巴杰销售贸易毛利和肖氏（Shaw）商品流通数据的增加值。基于戈尔曼的国民生产总值估值的基础，戈尔曼连续估计了隐含的总销售毛利。由于毛利不包括销售中间产品给生产者中使用的资源，诺思和威利斯又用了巴杰的数据以调整戈尔曼的数据，他报告了交易中的增加值，数据包括贸易中的所有资源。巴杰还介绍了仅仅包括制成品的

销售毛利的估值（1995）。巴杰的增值系列和分销毛利润系列之间的差异表明销售中间产品的成本大约是交易中所有资源成本的 10%。由于巴杰和戈尔曼都按照同一个基本框架工作，并出自同一个来源，因此，10% 的差异可适用于戈尔曼估计每年巴杰的增值系列和分销毛利润系列的比率，从而得到调整过的戈尔曼数据。

第二种方法：如果隐含在国民账户中的销售毛利可用估计值在整个时期很容易获得，第一种评估方法就非常充分，但事实并非如此。1910 年、1940 年和 1950 年存在数据的空白。所以诺思和威利斯采用了第二种方法即逆商品流通法。它是从消费者价格中国民生产总值的商品流通估值反算开始，来获得贸易中使用资源的独立估值。诺思和威利斯从戈尔曼、库兹涅茨和肖氏 1869—1949 年多年来消费者的商品（包括易腐烂物品、半耐用品、耐用消费品、生产的耐用品、建筑材料）流通开始。消费者的商品流通包括易腐物品、半耐用品和耐用品，总的生产者耐用品（Kuznets，1961）和来自肖氏的建筑材料。1909 年和 1919 年建筑材料的数据直接从肖氏获得，1929—1948 年，在库兹涅茨（1961）报告的总建筑量的基础上，通过外推建筑材料的方法来估计建筑材料的用量。外推的比率为 0.4931，1869—1919 年建筑材料与总建筑的平均比率由库兹涅茨和肖氏报道。这样，获得了贸易中商品 GDP 后，就采用巴杰估计的通过经销渠道所有商品所占的份额，将平均销售加价毛利的估值作为一个零售价格的百分比，然后用这两列数乘以相应年代的商品流通量，再校准库兹涅茨在 1919 年和 1929 年分销毛利润的估计值，也就是说前三个数据相乘后再乘以调整因子 1.0612，用于校准库兹涅茨（1938）分销毛利润系列的估计值，最后，使总资源变为国民生产总值的百分数。

这种方法有几个优点。（1）它给出了 1869—1948 年整个时期中连续的、概念上一致的估量方法。（2）交易中所用资源的估计值与戈尔曼的国民生产总值系列是一致的。（3）这些估计值按照年代顺序与商业部的估值相交汇，虽然这些数值没有重叠。结果表明，这两种方法估算交易中所用资源产生了类似的结果，主要的差异在于：在戈尔曼系列早期部分交易中使用的资源处于一个较低的水平。

诺思和威利斯估算贸易中的交易成本不包括运输成本。而调查表明，用于运输的总资源在批发和零售贸易中所占比例相当小，大约为贸易中总资源的 5%。从投入产出表中可以看出，决定用于运输的商业部门购买的中间投入的量是有可能的。这些包括从石油加工及相关行业购买汽车及汽车设备、飞机及零配件，以及运输和仓储。1958年、1963年、1967年和1972年，这些类别平均为贸易中总资源的 1.855%，确实过高地估计了运输的费用，给出了用于加热的石油产品的量。1970年人口普查的专业数据能够建构一个贸易中与运输相关的就业情况的估计，按照用途分为下列几类：运输设备操作工，汽车修理工，货运、库存和运输工作人员。后一类包括相当数量的非运输行业工作人员。这些类别的总就业人数占就业总数的 7.88%，7.88%的雇员报酬占贸易中使用总资源的 3.35%。前些年不能采取类似的计算，因为缺乏女性雇员的详细资料，但男性在交通运输行业的就业类似于前几年。鉴于运输占贸易中使用资源的一小部分，缺乏一个可以估计前些年比例的有效途径，不选择贸易中使用资源之外的净运输。

关于贸易领域交易行业的测量，诺思和威利斯认为批发与零售贸易转移商品同时，更多的是转移了商品的产权，产权的转移和交易是需要成本与费用的，这部分交易成本和费用就是贸易中批发商与零售商销售商品的投入。这部分费用如何计算，他们根据数据的可得情况采用了不同的途径测量。这当中，如上所述，他们研究和运用了多人的研究成果，工作量之大之细由此可见。计算的结果是美国用于贸易的资源占 GNP 的比例由 1870年的 16.14%上升到 1970年的 18.25%。

（二）对金融、保险部门的测量

诺思和威利斯用不同的方法估算了金融保险中使用的资源。1958年之后，美国商业部的《当前商情概览》投入产出表直接提供了这一时期金融和保险使用的总资源度量。他们对这一时期金融和保险使用的总资源也采用了估算的办法。公式是：国民收入 × （1 + 单位增加值平均使用的原材料资源比率），涵盖（cover）1958年、1963年、1967年、1972年投入产出表的单位增加值平均使用的原材料比率是 0.7882。然而，使用这种方法，低估了实际使用总资源的 5%左右。

这样，在作出前几年（ 1920—1970）的估计中，通过一个常数因子转换金融和保险中的国民收入，就解释了中间产品的购买和低估现象，即金融和保险中的国民收入乘以 1.8597。而 1.8597 这个数字是原材料的调整因子（1.7882）与使投入产出估计基准化的调整因子（1.047）的乘积。在 19 世纪的服务业中，诺思和威利斯使用了戈尔曼与威斯的工作结果。戈尔曼与威斯估计了 1839 年到 1899 年间以 10 年为间隔银行业和保险业的增值。

计算结果是用于金融保险的资源占 GDP 的百分比由 1870 年的 2.14% 上升到 1970 年的 6.57%。

（三）对房地产部门的测量

诺思和威利斯主要用两种方法估算用于房地产中的资源，第一种是用投入产出表的房地产的国民收入减去房地产的租金收入，得到房地产的非租金国民收入，对房地产的非租金国民收入进行调整后得到用于房地产资源的估计值。第二种是用金融和保险中的所用资源对房地产中的所用资源的比率，根据金融和保险中的资源估计值来估计房地产中的资源。具体估算如下。

1958—1970 年房地产所用资源的估算。首先从住房国民收入中减去住房（包括实际和估算的）中的租金收入。因为投入产出表中的数据不能表明房地产非租用部分中增值和中间产品购买之间的稳定关系，所以诺思和威利斯直接从房地产非租用部分中的国民收入，来估计房地产中使用的资源。通过用 1963 年和 1958 年的房地产非租用部分中的国民收入除以当年可得到的房地产的使用资源估计值，计算出房地产非租金部分中的国民收入，占房地产非租金部分总资源的比率是 0.5245，然后用这一时期的房地产非租用部分中的国民收入除以 0.5245，获得这一时期房地产所用资源的估计量。由于 19 世纪服务业中没有有关房地产的系列数据，诺思和威利斯通过 1920 年和 1972 年房地产使用资源占金融与保险使用资源的平均比率，来外推房地产所用的资源量。1910—1920 年金融保险中的资源对房地产中的资源的比率是 0.9607，然后用 1870—1900 年的金融保险业所使用的资源乘以 0.9607 得到同时期的房地产业所使用的资源。

结果是用于房地产的资源占 GNP 的百分比由 1870 年的 2.05% 上升至 1970 年的 5.58%。

第三节 公共交易行业的测量

一 公共行业的分类

广义上说，公共行业发生的成本是为了给所有经济活动提供社会政治保证，为了促进专业化和劳动分工，必然发生社会管理成本。就像私人交易行业一样，政府行为可以被划分为交易服务和非交易服务。根据活动支出情况即政府行为与交易服务的关系，把政府行为分为三类（见表4.1）。

表4.1 公共行业类型

交易服务	社会管理	其他
国防：军队、外交、预备役	教育	公共福利
邮政服务	高速公路	农业价格支持
警察	医院	社会保险管理
航空运输	保健	保险信用支出
水利运输	消防	社会保险（Old Age, Survivor, Disability, Insurance, OASDI）
财政管理和总调控	卫生	失业补偿金
自然资源	雇员退休金	
住房和城镇建设	空间研究	
地方公园		
利息和经常性债务		
公共事业和售酒许可证管理		
其他未分类		

资料来源: Douglass C. North and John Joseph Wallis, "Measuring the Transaction Sector in the American Economy, 1870 – 1970", in *Long-term Factors in American Economic Growth*, Engerman and Gallman, eds., Chicago: University of Chicago Press, 1986, pp. 113 – 119.

政府的第一类活动是提供交易服务。交易服务的广义概念将包括政府在所有交易行业中的"治理","治理"是为所有经济活动提供社会政治资产，政府发生的社会管理成本促使专业化和劳动分工。在狭义的交易成本概念中，政府服务领域仅适于交易服务。其支出主要包括保护财产安全和促进交易的费用。尤其重要的是执行合同的成本（法院和警察系统）和在大的范围内保护产权的成本（国防）。监督和保护产权的成本当然是交易成本。国防、司法制度、法律实施和一般的公共管理是交易服务，还包括邮政服务和财政管理。在这个种类中最大的单项是国防。这些服务直接降低交易成本便于经济贸易和交换。它们无疑义地被划为公共交易服务。

政府的第二类活动中有交易服务也有转型服务，具体要把它们归为交易服务或转型服务是很困难的。它们包括教育、交通设施、城市服务。城市服务本身包括消防、公共事业、城镇维修、公共住房、公共健康体系。因为这些服务间接地降低公共交易成本，特别是城市人口中心，以提供专业化和劳动分工资源更大的机会，这类服务支出的一部分必须被包括在交易行业中，所有这些活动都有社会管理资本，它们是维持社会秩序成本的组成部分。维持秩序是专业化和劳动分工的先决条件。

第二类活动的支出提出一个归类的难题。教育包含交易服务的要素。对待教育告知法律和社会安排；加强契约合法化的社会化进程，降低执行契约的成本，使得人们不会沉迷于"战略活动"或与交易有关的安排；通过为所有人提供一种共同的语言、历史和文化价值直接降低了与社会中不同的伦理和文化群体打交道的成本。政府提供的运输服务（高速公路、空气和终端用水），介于交易和转型服务之间。在私人交易行业中没有把运输成本看作交易行业的一部分，公共运输服务没有被包括在内。然而，这些服务在确定劳动分工和专业化水平，决定运输成本在经济中的水平也即决定经济中交易成本的水平中，所扮演的角色是很重要的。正是由于这个原因，诺思和威利斯在衡量公共交易行业时把它们包括进来，他们没有把在运输设备上的政府支出包含在交易部门中。城市服务通过减少城市生活支出来间接降低交易成本。居住在城区的一个主要优势就是降低在一个邻近的范围内有很多卖者和买者的交易成本。城市服务的公共供给直接降低了在城区的居住成本，增加了能够因搬到城市而受益和通过劳动分工与专业化以较低成本取得比它们在农村可以得到的更多利益的人数。

政府的第三类活动与交易服务没有什么关系，特别是收入的再分配，收入再分配仅仅在人们之间再分配，在人与人之间和人与政府之间没有交易及合同。这些活动对交易行业的规模完全不重要。但就像私人经济中非交易行业使用交易服务一样，政府为了运作非交易活动也需要使用交易活动。政府提供的非交易活动是政府为了完成转型功能而进行的提供商品和服务的活动。

通过讨论这三种类型的政府活动中的每一种活动，并且严格依照用来在私有经济中评估交易部门大小的方法，建立用来评估每个种类中的交易部门的方法。对公共交易行业的估算，诺思和威利斯采用了两种方法。

二　第一种方法

第一种方法把政府活动分为两大部分，第一类活动作为单独一部分，即国防、司法制度、法律实施和一般的公共管理等交易服务部门。把政府的第二类、第三类活动合为一部分，然后分类计量。

政府的第一类活动是提供交易服务的活动，测量的方法是从美国商业部的国民账户中直接计算出这些活动的所有支出即构成公共交易行业的组成部分。

第二类和第三类活动的交易行业用与私人转型部门相同的测量方法。与私人行业相同，非交易活动内交易成本规模用和雇用在这些活动中与交易相关的工人的年收入份额测量。首先用政府在非交易部门中交易人员占所有政府人员的百分比乘以雇员酬金占所有政府支出的百分比，再乘以在非交易服务中政府支出占 GDP 的百分比，得到政府在非交易活动中交易行业的估计值。

合总这两大部分的估算值，就得到公共交易行业的规模即美国公共交易行业占 GNP 的比重由 1870 年的 3.6% 上升到 1970 年的 13.9%。

三　第二种方法

第二种方法涵盖范围不太全面，但避免了对国防支出进行归类，同时为政府交易部门提供一个最低限度的估算。这种方法简单地把所有的政府作为一个非交易产业。政府交易人员支出占 GNP 的百分比再加上军队人员支出占 GDP 的百分比。对政府交易部门进行最低估计，从 1870 年占国民生产总值的 1.71% 增长到 1970 年占国民生产总值的 5.86%。

把估计延展到 19 世纪是困难的。1880 年之前，没有国家和地方支出的数据，甚至是 1880 年和 1890 年的普查材料都不完整。但作为国民生产总值的一个份额，1870 年和 1900 年之间有明显的变化。这样诺思和威利斯选择假定从 1870 年至 1900 年的政府交易部门与其在 1900 年的实际大小一致。

用第二种方法测量的结果低于前一种方法，公共交易行业占 GNP 的百分比由 1870 年的 1.7% 上升到 1970 年的 5.86%。

总之，诺思和威利斯以对待经济的私有部分同样的方式对待公众部分。政府活动分成交易服务和非交易服务。提供交易服务的活动中所使用的所有资源和在其他政府活动中交易行业的雇员报酬都包括在交易部门中。

四　结论

通过把整个经济活动划分为交易活动和转型活动，把国民经济分为私人转型部门、私人交易部门、公共交易服务、公共转型服务。对这些部门和服务分别采用各自的方法对交易行业进行测量。测量结果是：诺思和威利斯估计的交易行业平稳的增长，美国交易费用占 GNP 的比重由 1870 年的 24.19%—26.00% 增加到 1970 年的 46.66%—54.71%（两个数据因为两种方法导致公共交易部门估算范围的不同），并且他们得出一个一般性的结论，即经济越发达，交易部门的规模也越大，交易费用占 GNP 的比重也越大。

有赖于交易行业的公共行业因素的可测量，他们的发现对制度的构建和经济增长的关系非常重要。制度构建和经济增长的研究已经不满足于统计调查、理论解释和历史分析的技术与人力资本标准的融合（meld），他们认为交易行业的增长是首要规则的结构变化。他们特别提出了对经济增长的内部交易行业角色的进一步分析的必要性。

诺思与威利斯认为，交易成本在一个世纪的时间里增长主要有三个原因。

第一个原因是随着市场的扩大以及 19 世纪后半叶各种组织的快速增长，签订和执行合约的费用变得越来越重要了。当经济变得越来越专业化和城市化，更多的交易是在没有长期关系的个人之间进行的。随着他们对提供产品的卖者所知越来越少，理性消费者会更多地卷入搜寻和收集信息（包括从中间人那里购买信息，即交易服务）的活动中。

第二个原因是生产和运输中技术变革对交易服务的影响。采用资本密集型的新生产技术常常会在较高产出水平上更有利可图（即成本较低）。（较大的商业组织）对于要素和产出的合作以及监督生产与运输所涉及的大量合约非常重视。

第三个原因是政府的运作将影响财产权的设定，各利益团体将为影响政府决策而投入资源。运用政治制度来重构产权的费用不断提高，这一变化的结果导致了各种委员会的进一步发展，从而由政府行政部门替代了个体决策制定能力，将交易成本附加于经济的其他部门。

他们也指出可以通过三种途径降低交易成本：一是组织形式的创新；二是以资本代替劳动，从而减少因为人们的投机行为而增加的监督成本；三是政府作为"第三者的强制力"。这样可促进交换的进行，使交易成本降低。

第四节   对交易行业测量方法的运用和发展

用交易行业测量方法对国民经济交易成本进行估算是诺思和威利斯以他们的努力进行的真正开创性的贡献。在深深地影响交换和生产方式的交易成本概念下，以拓荒者的工作给出了正式的交易成本的经验证据，他们的结论被广泛地引证，他们的测量方法被复制。1998年 6 月，米歇尔·盖尔特曼（Michel Ghertman）用这种方法对1960—1990 年的法国、德国和日本的交易成本进行了测量，结果发现在交易成本数量和增长率的趋势上接近诺思和威利斯的结论，1960—1990 年交易行业占 GDP 的份额在法国从 33% 上升到 64%，德国从 38% 上升到 48%，日本从 41% 上升到 55%，而美国则从 55% 上升至 63%。1998 年 11 月，布莱恩·多莱里（Brian Dollery）和瓦伊·霍·梁（Wai Ho Leong）把这种方法扩展到澳大利亚的研究，澳大利亚的交易行业占 GDP 的比重从 1911 年的 32.34% 上升到 1991年的 59.5%。1999 年，达戈尼诺·帕斯托（Dagnino-Pastore）和法里纳（Farina）更是开创性地用交易行业方法把分析从发达国家扩展到发展中国家。在阿根廷复制了诺思和威利斯的方法，阿根廷的交易行业在 GDP 中的比重比同时期的四个发达国家都低，1960 年是 0.29，同时四个发达国家的平均比重是 0.42；1990 年分别是 0.35 和 0.57，绝对差距分别是 0.13 和 0.22；相对差距分别是 31% 和 39%。得出结论是人均收入越高交易支出的份额越大。2001 年，蒂姆·哈兹勒丁（Tim Hazledine）测量了 1956—1996 年的新西兰交易行业并与澳大利亚的交易行业进行比较分析，新西兰交易人员与转型人员的比率从1956 年的 0.36 上升到 1996 年的 0.86。2004 年，萨马·K. 达塔（Samar K. Datta）等人以支持比率为指标对印度 1950—2003 年的交易行业进行了测算，印度 1950—1951 年的支持比率为 4.11，2002—2003 年下降到 1.79。亚历山大·苏勒祖伊（Aleksander Sulejewi，2005）对 1996—2002 年波兰经济体中的交易成本进行的计量，结果发现在短短的 6 年内交易成本占 GDP 的比重从 49.70% 上升到

67.25%，等等。其中尤其是盖尔特曼、达戈尼诺·帕斯托和法里纳等人在进一步验证的基础上拓展了这种方法。

一 概念和测量范围

蒂姆·哈兹勒丁对交易成本的类型在威利斯和诺思的基础上做了更具体的划分。

1. 市场交易成本

他认为使用市场的成本不仅是信息收集、估价和使用的成本，而且包括保护合同权利成本（如签写、保护、执行合同）。

（1）搜寻和信息成本（发现买者和卖者，通过证券交易所、集市、广告，等等）。

（2）讨价还价和决定成本（签写合同时，协议的详细程度在支付上决定和接受是至关紧要的）。

（3）监督和执行合同（我们需要监督对方的行为—产品或服务的交货时间、数量和质量）。

2. 组织交易成本

阿罗所描述的"经济制度运行成本"是经济生活单独和重要类别，组织的内在成本也是相当客观的。

（1）建立、维持和改变组织成本。

（2）运转组织成本（信息、做决定成本、监督任务/规则执行、测量雇员履行职责）。

交易导致了大部分的间接成本。

3. 政治交易成本

市场和管理交易一般被认为是在界定良好的政治背景中发生的。这是一个与资本市场秩序相一致的制度安排，同时也存在一个特殊的地方性、国家性或国际性的正式社区组织。提供这种组织以及与之有关的公共品显然会产生费用。这些是政治型费用：

（1）建立、维持和改变一个体制中的正式和非正式政治组织的费用（建立法律框架、管理架构、军事、教育体制、司法等有关的费用）。

（2）运行政体的费用（建立有组织的暴力的垄断权、国防、立法、公正的管理等）。

在测量荷兰交易成本时针对诺思和威利斯没能回答为什么保护服务（protecting services）属于交易行业，蒂姆·哈兹勒丁明确指出当产权没有真正被转移，它们此时处于安全之中，包括法律体系，警察、守卫、保险和房屋主人在锁、警戒的支出，可被描述为防止非意愿交换。之所以称它为交易活动，是因为没有它基于自愿交换体系的交易不能有效运行。

1998 年，多莱里和梁在对澳大利亚的 1911—1991 年的交易行业测量中在诺思和威利斯的基础上进一步对交易行业和非交易行业进行了界定（见表 4.2）。

表 4.2 　　　　　　　　　　**交易/非交易部门和服务**

私人交易行业		公共交易行业	
转型部门	交易部门	转型服务	交易服务
农业	金融	教育	公共管理
建筑	保险	保健	公共秩序
矿业	房地产	铁路/航空运输	国防
制造业	批发贸易	公共事业	邮政服务
交通/仓储	零售贸易	社会福利	
服务业		通信	

资料来源：Brian, Dollery & Wai Ho Leong, "Measuring the Transaction Sector in the Australian Economy", *Australian Economic History Review*, 1998, 38 (3), pp. 207 –231。

达戈尼诺·帕斯托和法里纳（1999）在阿根廷复制了诺思和威利斯的方法，把分析从发达国家扩展到发展中国家。对交易行业范围的处理，对从事交换（管理、司法、会计、金融等）和生产（机器和设备运行等）任务的人员，如果在认定时十分有把握，就不把他们考虑在交易范围之内。对公共部门的处理：除了国防（defense）、安全（security）、管理（administration）外，其他的政府部分都视为转型行业，计算其中的从事交易服务的人员的报酬，与农业等转型行业统计在一起，国防、安全、管理这三个明显的提供交易服务的部分从国民账户直接统计出支出及占 GDP 的比重。

萨马·K. 达塔等人对转型行业和交易行业的划分（见表 4.3）。

表 4.3 转型行业与交易行业

转型行业	交易行业
农业、林业、渔业、矿业、采石业、制造业、建筑业、 电、气、水 旅馆 饭店 铁路 其他形式的运输 库存 公共管理 国防 公共服务（教育 研究 医疗保健 宗教和其他公共服务）消遣娱乐 无线和电视广播 私人服务（家庭服务 裁缝烘干 干洗 理发美容 等） 卫生设备	贸易 房地产 居住所有权（ownershhip of dwellings）和商业服务 金融 保险 通信 社区 社团和人文服务 公共管理和国防

资料来源：Samar Datta, O' Hara. Donald & Jeffrey Nugent, "Choice of Agricultural Tenancy in the Presence of Transaction Costs", *Land Economics*, Vol. 62, No. 2, 1986。

从表 4.3 看，在交易行业和转型行业的划分上，学者基本上是一致的，区别在于铁路航空水运系统、广播电视、通信的分歧上。诺思和威利斯认为通信、铁路运输属于转型行业，航空、高速公路属于交易行业。多莱里和梁把铁路航空通信划为转型行业；萨马·K. 达塔等人则把通信视为交易行业。

二　人均成本、交易成本—收入国家曲线

1998 年，盖尔特曼把交易行业测量的方法扩展到 1960—1990 年的法国、德国和日本的研究，跨国家地进行了比较研究。

他的发现在交易成本数量与增长率的趋势上接近诺思和威利斯的结论。1960—1990 年交易行业占 GDP 的份额在法国从 33% 上升至 64%，德国从 38% 上升至 48%，日本从 41% 上升至 55%，而美国则

从 55% 上升至 63%。

盖尔特曼的贡献主要是提出了规范（normative）效率标准，提出了人均交易成本和收入交易成本国家曲线的概念，并画出这四个国家的收入交易成本国家曲线图和人均收入交易行业比重曲线图。

人均交易成本计算：

人均收入乘以同时期交易行业占的 GDP 百分比。

交易成本—收入国家曲线：

这一曲线根据一个国家收入和交易成本的演变画出，称为交易成本—收入国家曲线，收入和交易成本的百分比一起增长，所以最简单的曲线是向上倾斜的直线。

直线的斜率：tg@ >1 意味着，人均收入的增长比人均交易成本的增长速度快。角越大，交易成本—收入国家曲线效率水平越高。

达戈尼诺·帕斯托和法里纳把多国的估计结果用盖尔特曼（1998）的"TC-GDP"曲线表示。以人口普查和国民账户的数据为基础，在对不同国家的数据的基础上得出结论。

得出了对经济效率的新比较方法。使用人均 GDP 作为居民平均收入的测量和 GDP 的交易成本百分比作为经济中交易行业重要性的测量，来比较两个国家的经济。

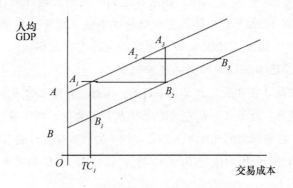

图 4.1 交易成本—人均 GDP 曲线

图 4.1 中两个国家收入和交易成本效率差距如下。

1. 某一点的收入效率差距

曲线 A_1A 给出国家 A 收入和交易成本的演变，我们称它为交易成本—收入国家曲线，B_1B 是国家 B 的曲线，收入和交易成本的百分比一起增长，因为后者对经济增长是必要的。A_1A 和 B_1B 在假设两个国家收入和交易成本同时演变的基础上被平行地画出。用稳定和相同的斜率简化使用曲线的例子对于探讨概念定义是必要的。点 A_1 和点 B_1 有相同的交易成本同时 A_1 比 B_1 的收入高：

$$IA_1 > IB_1$$

我们称在相同 TC 点（$IA_1 - IB_1$）的差额是在同一点的国家收入效率差额。

如果（$IA_1 - IB_1$）>0，国家 A 在 TC_1 处比国家 B 有更高的收入效率，那么对于相同的交易成本水平，它有更高的个人平均收入。

2. 交易成本效率差距

点 A_1 和点 B_2 有相同的收入水平：$IA_1 = IB_2$。国家 A 用较低的人均交易成本生产了和国家 B 相同的人均收入。

$$TC_1 < TC_2$$

我们称（$TC_2 - TC_1$）差额为在一个收入水平 IA_1 的国家交易成本的效率差额。

如果（$TC_2 - TC_1$）$_{1A} >0$，国家 A 达到相同的人均收入在一个比 B 国较低的 TC 的水平上，那么它有交易成本效率优势吗？答是在相同的收入水平上国家 A 比国家 B 有更高的交易成本效率。

3. 交易成本—收入国家曲线差距

假定曲线 A_1A 和曲线 B_1B 是平行的，考查三角形 $A_1B_1B_2$ 左边、边周和右边的情况。对于 $A_1B_1B_2$ 左边的所有 B_1B 上的点，两条线之间的垂直线的左面，在相同时间比 A_1A 上的点有较少的收入和交易成本效率。

在 $A_1B_1B_2$ 周边、A_1 与 B_1、A_1 与 B_2、A_1 与 B_1B_2 的效率比较按下列情形进行。

如果 A_1 在 TC_1 上比 B_1 有更多的收入效率，比 B_2 有更多的交易成本效率，那么，A_1 和 B_1B_2 之间的点比较如何？A_1 与 B_1A_1 和 B_2 是完全相同的。一个是收入效率，另一个是交易成本效率。B_2 右边的

所有点比 A_1 有收入效率。

上面的分析是假设斜率是不变的。现在放松恒等斜率假设。国家 A 和国家 B 不总是在相同的位置，可能国家 A 在点 A_2 处开始停滞，同时 TC 持续上升。两个国家在 B_3 处效率相同。国家 A 曲线的斜率比国家 B 小。国家 B 可能促进收入效率，比以前更快速度发展（斜率比国家 A 高）在 A_3 点追上了国家 A。真正的交易成本—收入国家曲线总是处于变化之中，不变的相同的交易成本—收入国家曲线仅仅是少有的例外。

上面比较国家 A 和国家 B 的收入与交易成本效率在时间不变的情况下是有效的。如果引入时间比较就更困难了。如果 A_1 是 1980 年达到的，B_1 是 1970 年达到的怎么比较呢？如果在两条线上没有先前和未来点估计是困难的。如果国家 B 在 1980 年达到 B_2，这将意味着国家 A 和国家 B 有相同人均收入在时间的同一点 B 的曲线交易成本效率差。政策制定者要促进效率，既不能降低收入也不能恶化社会稳定政策。

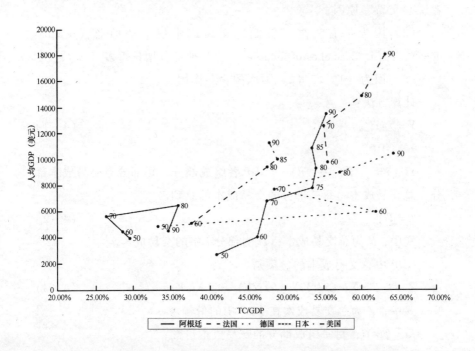

图4.2 阿根廷、法国、日本、德国、美国五国的交易成本收入

如果 A_1 是 1970 年达到，A_2 是 1980 年，B_1 是 1980 年，B_2 是 1990 年。国家 A 达到相同的人均收入比国家 B 提前 20 年，因为两条曲线的斜率相同，国家 B 的延迟是由于交易成本效率低。这样的迟缓可以被解释为国家 B 比国家 A 建立信誉制度环境晚，战争破坏了国家 B 的机体，而国家 A 没有面临破坏且对国家 B 出口，等等。对于政策目标，将来是必须关心的，提高国家交易成本—收入国家曲线的斜率是经济政策的目标。这是提高收入和交易成本效率的路线。

三 对 GDP 中总交易成本份额变化的原因的分析及计算方法

达戈尼诺·帕斯托和法里纳（1999）认为交易成本份额在 GDP 中的变化可被归为三个原因。

（1）因为交易成本增长（减少）比计入 GDP 的其他成本多；或者说"交易"原因；

（2）因为带有较高（较低）交易成本份额的职业（occupations）、部门（branches of finalities）比其他部分增长得多（少）；

（3）因为（1）和（2）原因的相互作用。

计算方法：

$$Y = \sum i Yi \qquad\qquad (4-1)$$

$Y = $ GDP

Yi（$i = 1$, 2, …, n）= GDP 各组成部分，每部分有交易成本部分，总交易成本是每一部分的交易成本的总和。

$$T = Ti; \qquad\qquad (4-2)$$

式中，T 为总交易成本；Ti 为部分 i 中的交易成本。

GDP 中总交易成本的份额是：

$$Z = T/Y = \sum i \ (Ti/Yi) \cdot (Yi/Y) = \sum i Ki. Wi \qquad (4-3)$$

式中，Z 为总交易成本在 GDP 中的份额

$Ki = Ti/Yi$，每一组成部分的交易成本份额；

$Wi = Yi/Y$，GDP 中每一组成部分的份额。

t 期和 0 期总交易成本在 GDP 中的份额的比例是：

$$R_{(t,o)} = Z_t/Z_o = \sum_i ki_t \cdot wi_t / \sum_i ki_o \cdot wi_o \tag{4-4}$$

$$= \sum_i (ki_o + \Delta ki)(wi_o + \Delta wi) / \sum_i ki_o \cdot wi_o$$

$$= [\sum_i (ki_o \cdot wi_o) + (ki_o \Delta wi_o) + (\Delta ki_o \cdot wi_o) + (\Delta ki_o \cdot \Delta wi)] / \sum_i (ki_o \cdot wi_o)$$

式中，$R_{(t,o)}$ 为 t 期和 0 期总交易成本在 GDP 中的份额的比例。

$\Delta ki = ki_t - ki_o$；$\forall i$，$\forall t$

$\Delta Wi = wi_t - wi_o$；$\forall i$，$\forall t$

$$R_{(t,o)} - 1 = [\sum_i (ki_o \cdot \Delta wi)] / [\sum_i (ki_o \cdot wi_o)] + [\sum_i (\Delta ki \cdot wi_o)] / [\sum_i (ki_o \cdot wi_o)] + [\sum_i (\Delta ki \cdot \Delta wi)] / [\sum_i (\Delta ki_o \cdot \Delta wi_o)] \tag{4-5}$$

$$Q_{(t,o)} = \sum_s Q_{s(t,o)}; \quad (s = 1, 2, 3) \tag{4-6}$$

式中：

$Q_{(t,o)} = R_{(t,o)} - 1$，交易成本在 GDP 中的份额 t 期和 0 期之间关系的变化率。

$Q1_{(t,o)} = [\sum_i (ki_o \cdot \Delta wi)] / [\sum_i (ki_o \cdot wi_o)]$ 原因 1，交易的原因：如果在每一组成部分中交易成本的份额是相同的，t 期和 0 期之间总交易成本在 GDP 中的份额的关系比例的变化率。

$Q2_{(t,o)} = [\sum_i (\Delta ki \cdot wi_o)] / [\sum_i (ki_o \cdot wi_o)]$ 原因 2，结构的原因：如果 GDP 中每一组成部分的比例相同，t 期和 0 期的总交易成本在 GDP 的份额的变化率。

$Q3_{(t,o)} = [\sum_i (\Delta ki \cdot \Delta wi)] / [\sum_i (ki_o \cdot wi_o)]$ 原因 3，交互作用的原因：不能被前面的两个原因解释，t 期和 0 期之间总交易成本在 GDP 中的份额的变化率。

$$\sum_s q_{s(t,o)} = 1 \tag{4-7}$$

式中，

$$q_{s(t,o)} = Qs_{(t,o)} / Q_{(t,o)}$$

如果，

组成部分 1 是转型行业交易人员提供服务，

组成部分 2 是交易行业提供的服务，

组成部分 3 是政府提供的服务。然后定义：

$$k2 = k3 = 1; \quad \forall t, \tag{4-8}$$

Δ k2 = Δk3 = 0；　　$\forall$ t，　　　　　　　　　　　　　　　（4 - 9）

如果把式（4 - 9）带入式（4 - 6），简单表达式为

$Q1_{(t,o)} = （k1_0\Delta w1 + \Delta w2 + \Delta w3）/（k1_0 w1_0 + w2_0 + w3_0）$

$Q2_{(t,o)} = （\Delta k1 w1_0）/（k1_0 w1_0 + w2_0 + w3_0）$

$Q3_{(t,o)} = （\Delta k1 \Delta w1）/（k1_0 w1_0 + w2_0 + w3_0）$

达戈尼诺·帕斯托和法里纳认为诺思与威利斯对交易行业的增长提出了解释，但忽略了购买数量上升的同时交易价格下降在整个支出中更高的可能性。经济复杂性和高收入与交易服务的高支出相联系，高收入国家的交易价格总的比较低。

达戈尼诺·帕斯托和法里纳（1999）也分析了正式和非正式行业的生产成本之间的关系。值得注意的是观察到的交易支出也可能因交易从非正式（非市场）转移到正式行业。争论的是，这样的转移可能由市场下降的交易价格引起，比较非市场的组织方式。这个研究与更大的交易服务总市场支出和市场上较低的交易价格相联系。

研究发现阿根廷在 1930—1970 年的交易行业在经济中的份额为 25%—30%，在 1980 年和 1990 年上升到了 35%。阿根廷的交易行业在 GDP 中的比重比同时期的四个发达国家都低，1960 年是 0.29，同时四个发达国家的平均比重是 0.42；1990 年分别是 0.35 和 0.57，绝对差距分别是 0.13 和 0.22；相对差距分别是 31% 和 39%。人均收入越高交易支出的份额越大。

四　"支持比率"的提出

诺思和威利斯计算了美国 1870—1970 年交易行业规模对 GDP 的比率，比率的分子是交易行业的规模，测量的是用于交易行业运行的投入价值；分母是 GDP，测量的是最终产出价值包括转型和交易产出。这个比率一个世纪以来持续上升。在此基础上，萨马·K. 达塔等人提出了"支持比率"的概念。所谓"支持比率"是转型行业产出对交易行业产出之间的比率，"支持比率"表示了一个卢比（rupee）的交易服务支持转型行业产出数量。他们用国民账户统计表，

衡量了印度经济在 1950—2003 年交易行业产出对转型行业产出行为。发现这个时期印度这个比率平稳下降，表明交易行业产出比转型行业产出增长的速率快，经济花费在交易上的比率越来越大。

第五章 交易成本的宏观测量方法
——交易价格指数方法

　　交易价格指数（the Transaction Price Index，TPI）方法（艾根·祖齐，2001），又称交易效率指标（Transaction Efficiency Indicator，TEI）方法（钟国富，2003），是根据新制度经济学的交易成本理论，把决定一个国家（或经济体）交易成本或交易效率的主要变量采用高级计量经济学手段使之构成一束交易成本价格指标，量化后形成测量指数。虽然研究者对所研究的称谓不同，但他们的指导思想、测量的具体方法、结论是相同的，所以被归在同一类方法研究中。该指数越大，意味着交易效率越高，交易成本越小；该指数越小，意味着交易成本越大，交易效率越低。艾根·祖齐（2001）等学者从相关维度的众多指标中不同程度地获得了对 88 个国家的交易状况的基本认识。中国台湾的钟国富（2003）曾对中国内地、香港、台湾的交易效率水平进行了计量。赵红军（2005）对中国 31 个地区 1997—2000 年的平均交易效率进行了衡量。

　　直接测量交易成本是很困难的，至少目前很难做到。因为交易成本在很大程度上与政府政策甚至文化习俗等存在内在的关联，而这些因素很难量化，在其他情况相同的条件下，某个人或团体的政治关系、种族以及其他特点也影响特殊交易的机会成本，而这些差异对于外部人来说很少是透明的。交易成本与转型成本、不同的交易成本相互交织，要把一种交易成本与另一种交易成本区分开来是困难的。在这种情况下，交易价格指数方法就可以避开直接测量的障碍，通过建立指标体系用计量经济学的工具，来测量一国的交易状况。

在计量经济学中，如果研究的问题是宽泛的概念，一些要素可以被替代在影响它们的宽泛指标里，就可以把一系列基本变量概括为一个测量指标即指数。而交易成本正是一个非常宽泛的概念，一个国家制度总体运行的交易成本状况、交易成本大小由多种因素决定，也体现在多个方面，把反映一个国家交易成本的多个指标综合起来，得到一个综合评价值，由此来反映一国交易成本的整体情况，并进行横向和纵向比较。所以，交易价格指数方法是测量一国交易成本大小的可行方法，代表了交易成本经验研究的一个方向。

交易价格指数方法文献是通过建立指标量化交易成本，将交易成本这个抽象概念转化为可观察指标，才能使交易成本概念和经验事实之间建立联系。指标只是概念内涵中可以观察到的构成成分，操作化的结果并不能反映交易成本概念的全部含义，即使增加指标数量，特定概念的全部含义也难以得到充分反映。但这种转换的代价是必要的，因为如果没有操作化过程，抽象的交易成本概念和具体的现实之间就无法联系起来，检验假设也就无从谈起。

第一节　主要理论观点

一　广义交易成本和狭义交易成本

艾根·祖齐（2001）首先把交易成本分为广义交易成本和狭义交易成本。从广义上定义交易成本为协调成本（the costs of coordination）；定义搜寻成本、信息成本、讨价还价成本和事后发生的监督和执行成本等特定领域的交易成本为狭义的交易成本。

二　交易效率指数与交易成本的反向关系

交易效率指数、交易效率与交易成本的反向关系是：第一，交易成本度量了完成交易活动所需的时间、财力或物力投入，重在强调成本投入，而交易效率指标、交易效率度量了完成交易活动的效率高低，重在强调速度快慢。第二，"天下没有免费的午餐"。在经济学中，要完成一笔交易活动必然涉及一定的实际成本付出与相应的机会成本（如时间、闲暇等）。一般而言，实际成本付出与机会成本和交易成本正相关，但却与交易效率负相关，因此，完成一笔交易活动的交易成本越多，则其交易效率便越低、交易价格指数越低，反之亦然。第三，对交易成本的准确衡量可能涉及不同时期价格、不同国家货币单位的换算、对时间价值的计算等难点，对交易效率的衡量则不需要。运用交易效率这一概念，测量交易价格指数的目的在于利用交易成本与交易效率的反向关系来转化直接衡量交易成本面临的难题，使之变得容易衡量并更具操作性。

把决定一经济体交易成本的主要变量采用高级计量经济学手段使之构成一束交易成本价格指标，量化后形成测量指数，它为衡量一国单位交易价格或交易效率提供了重要启示。指数数值在 0—10，数值越大表明交易效率越高，交易成本越低；数值越小表明交易效率越低，交易成本越高。

根据交易效率与交易成本的关系，以测量交易效率替代测量交易成本对交易成本的衡量意义重大。第一，它不需要引入一个单独的交易部门，从而避免了由此带来的模型化难题，并使之能与一般均衡框架和睦相处。第二，它避免了直接衡量交易成本面临的难题，为从交易效率这一视角衡量一国经济体的交易成本创造了条件。比如，新制度经济学家知道企业和市场的分界点位于利用市场交易的边际成本等于利用企业的边际成本那一点，但这一点到底在哪里？这就必然要涉及对企业和市场两种组织形式运行成本的度量问题，而这种度量的范围如此之大，涉及面如此之广，其难度可想而知。相反，运用交易效率概念却可以避开这一难题。比如，如果要问用市场交易的效率是高还是低，那么，只要在一个足够的时间跨度内对给定的商品或产业度量其完成交易的总次数或者总交易量就可以很快得出结论，这不涉及其他领域，所以难度也要小很多。又如，通过比较两个国家企业注册所需的时间，就可以基本得知两个国家政府办事效率的高低，而要度量两个国家企业注册的交易成本却不可避免地要度量多种成本支付，比如，时间成本、旅途体力的损耗，还有注册费用，等等；另外，要进行跨国交易成本度量的话，不可避免地涉及不同国家货币单位换算以及货币时间价值问题，因而也使得比较不同国家的交易成本变得十分困难。

三 政府、教育、信息通信对交易成本的作用

从交易成本的定义看，交易成本是一项与制度紧密相关的成本。制度从广义讲就是一种资源配量方式，说到底就是人与人之间发生经济关系、进行交易活动的一种方式。在不同的经济制度背景下，交易成本大小是不同的。制度安排决定了经济效率，一种制度安排可能不同于另一种，历史的进步和经济的发展要到制度变迁中寻找原因。

钟富国（2003）认为政府对制度的影响是重大的、起决定作用的，在降低和升高交易成本上扮演着重要角色，因为政府对法律规章的制定修改、对基础建设的投资等，通常居于主导地位。而制度安排赋予一般厂商的角色，厂商并不具备政府的强制力也不是最后的裁决者，所以厂商对交易成本大小的影响力相对较低。

一个国家重视教育投资，拥有高素质的人力，才是促进经济发展、社会迈向现代化的主要原因。资本与自然资源如果没有高素质的人力的配合，则对经济发展的贡献是有限的。受教育者可以提高对信息的理解力、解释和筛选信息的能力，更有效地运用信息，使每单位信息的平均投资报酬率上升。总之，受教育者学到的基本技能如识字、对产权的认知、谈判技巧等有利于交易的顺利进行。

信息技术的发展可大大缩小交易成本。通信科技、电子商务等能大大降低交易成本，提高经济体的总和交易效率。帕坦德·陈（Pan-tand Cheng, 1990）指出，通信科技将会降低有限理性、机会主义、市场不确定性以及资产专用性，因而必然会降低交易成本。亨德里克斯（Hendriks, 1999）也认为，通信技术的进步可以增加信息沟通渠道，改进生产和交易流程，减少信息不对称，使交易活动的速度和质量大大提高。张绍动（2002）指出，不管是市场机制还是级层组织，均会从通信科技、电子商务中获益，结果沟通成本会减少，相同时间内沟通的次数增加、质量提高。从实质来看，通信科技和电子商务对

交易成本的影响将通过两个渠道进行：一是大大降低了签约前的信息成本，二是使交易契约的订立可以远距离、非人格化进行。

四　指数方法可行性

许多社会经济都是复杂现象，受多种因素的影响，而一些要素可以被替代在影响它们的宽泛指标里，这样就可以运用指数作出综合性的数量判断和评定，如消费者价格指数、道琼斯指数等。消费者价格指数主要包括经济中增长最快的与消费者关系密切的有 8 个主要类别 200 多种各式各样的商品和服务零售价格的平均变化值。每一个类别都有一个能显示其重要性的权数，这些权数是通过向成千上万的家庭和个人调查他们买了哪些东西而确定的。

20 世纪 90 年代，指数研究方法不断扩大，出现了追求获取更广泛概念的新的指数分类（class），如自由、人类发展、腐败、法律规则和人权等纷纷取得了指数研究的进展。虽然指数方法面临限制，不能包括要考虑的所有特征，但它们为问题提供了简洁的指向，可以帮助指导决策。

丹尼尔·考夫曼（Daniel Kaufmann，1996）、阿特克瑞（Aart-Kraay，1998）、马西莫（Massimo，2001）、马斯特鲁齐（Mastruzzio，2007）测量了政府治理指数。他们从 1996 年开始至今每两年测量世界 200 个左右的国家和地区的政府治理。2007 年，他们发表了《治理是重要的：1996—2006 全球治理指数》，包括从媒体自由、政治稳定、法制以及控制腐败等方面，对世界上 212 个国家政府，在 1996—2006 年的表现进行评估，其指标建立在数百个变量的基础上。

世界银行发表了"简易做生意"2005 年指数（Easy of Doing Business，for 2005），测量从事商业活动方面的研究。其指数由 10 个指标组成，包括：开业（starting a Business）、办理许可（Dealing with Licenses）、雇用与解雇（hiring and Firing）、产权注册（Registering Property）、信誉（getting Credit）、保护投资者（Protecting Investors）、赋税（Paying Taxes）、跨国贸易（Trading Across Border）、执行合同（Enforcing Contracts）、关闭（Closing a Business）。

正是在指数研究不断被推进的前提下，在交易成本量化遇到质疑和挑战的背景中，艾根·祖齐等人创立了衡量一国和一国经济体交易成本大小与交易效率高低的交易价格指数。正如张五常所说：就一种成本可以度量，或可以精确地度量，并不必意味着它可以用元或分来度量。如果我们说，在其他情况都相同的条件下，某类型的交易费用在 A 状况下比在 B 状况下要高，还有这两种状况无论什么时候观察，不同的个人都能一致地把它们归为相同的一类。在这种情况下，交易费用至少在边际上可以度量了。由此，可证实的命题就可以获得，这才是最为重要的事情。指标是交易成本概念内涵中可以观察到的若干构成成分，各指标内涵要小于交易成本概念内涵，虽然操作化的结果并不能完全反映一个国家交易成本的全部概况，但这个付出代价是必要的。因为如果没有交易价格指数的操作化过程，交易成本概念和具体国家的交易概况的现实就无法结合起来，交易成本测量也就无从谈起。

构建交易价格指数主要包括的问题是：（1）决定包括什么；（2）测量这些要素；（3）决定如何标准化这些数据；（4）选择一个合适的加权计划。

第二节　指标体系的建立

选择指标是交易成本操作化实践中最强的步骤，只有对交易成本理论和国家实际情况深层次的把握，选择的指标才可能越接近交易成本的内涵，同时可能更便于操作。

最普通的指数，包括什么指标也是重要的。某指标的重要性还随着时间的变化而变化。例如，股票市场的道琼斯工业平均指数的要素随时间而变化，1999 年，英特尔（Intel ）取代了固特异（Good-year），微软（Microsoft）取代了炭化（Carbide）。在跨期的一致性和新环境的相关性上，在基本要素中的变化显示了折中（compromise）是不可避免的。该指数是世界上最紧密跟踪环境的指数，快速提供纽约股票交易所股票市场条件总体指标（summary indication）。研究出交易价格指数更是重要而有难度的。在缺少一个清晰的交易成本理论解释的情况下，指明什么要素必须被包括进去，不是一件很容易的事。所以组成要素指标是一个大问题。在认为交易成本重要的同时，发现构建一致的广泛认可的判断以推动量化发展是困难的，而且数据限制也阻碍了要素的选择。

艾根·祖齐（2001）首先把交易成本定义为广义交易成本和狭义交易成本。广义交易成本的理论概念描述了对经济成果的重要影响，提供了全面的分析方向。狭义交易成本适合于专门领域的分析，可从直观上把握交易成本的组成要素。构造交易价格指数首先以广义的交易成本概念为指导，然后按照狭义的交易成本定义寻找具体交易成本不同的要素作为量化指标。

艾根·祖齐建立了三大类包括 12 个要素作为交易成本价格指数的指标体系。

（1）直接交易成本（Direct transaction costs）

通货膨胀率

过去 5 年的通货膨胀率的标准差

利率分布（spread）

贸易限制

（2）制度（institutions）

腐败控制

产权

合同执行

法律规则

（3）信息通信（communications）

当地电话成本

长途电话成本

航运成本（cost of shipping）

文盲（illiteracy）

钟富国（2003）利用交易效率概念，建立了三大类 7 个要素的交易效率指标体系。

（1）制度（institutions）

政治稳定与暴力

政府效率

司法制度

贪污控制

（2）信息通信（communications）

每万人拥有联网主机数

每千人使用移动电话数

（3）教育（education）

年龄 15 岁以上的成年人文盲率（%）

艾根·祖齐认为通货膨胀率、通货膨胀率标准差、利率价差、贸易管制被归入直接交易成本。它们对完成一个交易的成本起直接作用。

通货膨胀率是交易价格的一个重要决定因素，因为它在把现金作为交易媒介时，是现金成本的一个重要因素。通过提供一个可以分割和可以辨认的价值与计账单位，现金排除了双方对应的需求的要求，并且实际上是所有兑换的基础。现金基本上排除了对物物交换的选择，除非在现有的货币购买力被恶性通货膨胀的速度所侵蚀的时候。大量有关通货膨胀成本的文献注解为预期通货膨胀通过减少投资和对实际货币余额的需求而增加了交易成本。经验估计稳定的年通货膨胀率引起的成本为 1%—10%、范围为 1%—12% 的 GDP，而铎德认为，这些似乎被低估了，因为它们排除了菜单成本和相应的价格影响。因此，通货膨胀率，即使是稳定的，也是交易价格的主要组成部分。在1997 年，样本的年通货膨胀率从巴哈林的 8% 到保加利亚的 949.1%变化。在总体交易价格最低的 10 个国家中，其中 5 个国家的通货膨胀率低于 1.5%，强调了稳定货币的重要性。

作为通货膨胀偏差的指示器，通货膨胀率标准差强调源于价格信号混乱的另一套交易成本，侵蚀社会结构和造成再分配的危险。从通货膨胀的不确定性对社会机构的有害影响开始，奥肯（1975：359）认为：消费者市场严重依赖于，并且反过来增强货币作为价值尺度和价值储存工具的作用；它的作用在通货膨胀的世界中被削弱，如买方—卖方关系在复杂的现实世界中在很多方面是"高效"的。因此，福利成本通常归因于通货膨胀，从更广阔的背景来看，它应该被看作对维系买方—卖方关系来节省信息、预测和交易的成本的一系列惯例的干扰因素。通货膨胀的确愚弄了人们，但它确实是这样运作的，它剥夺了人们这样一种生活方式，在这种生活方式中，它们不需要严重依赖于构建花费巨大并且不确定的估计期望。

高通货膨胀的不确定性阻碍了预测和计划，使预期变得可能是令人失望的并使经纪人不情愿建立长期合作关系的可能性增高。当长期融资由于通货膨胀的不确定性变得不容易得到时，跨越时间的交易价格实际上使之变得无人问津。通货膨胀的样本标准差在1992—1997年从荷兰和新西兰的0.3%到巴西和乌克兰的超过1000%之间变动。在新西兰签订长期合同和建立准确的预期来支撑储蓄与投资决定的成本比在乌克兰低。大多数拥有高度发达的资金市场的国家，像美国、日本、英国，表现出低于1%的通货膨胀率标准差，表明跨时间交易价格和管理风险在这些环境下相对较低。

在平均存款利率和贷款利率之间的利率价差反映了金融系统的总体效率。如果差值很小，那么金融媒介看起来是相对有效的，并且跨时间交易的成本会比较低。如果差值很大，利用金融系统成本过高会带来资源分配的无效率，因为潜在的储蓄方手中持有的资金的使用价值远小于借贷方愿意支付的价值。样本中的利率价差从在韩国的1.1%到巴西的59.6%之间变动。在10个交易成本最低的国家中，有6个国家的平均利率价差低于3%。这个范围显示出资金成本巨大的国际变动，并且在提到大多数经济合作和发展组织中的国家时变得尤为显著，中央银行降低2个或3个百分点的利率被认为是货币政策的重大放松。缩小利率价差对参与风险管理、储蓄和投资的各种交易活动的价格有显著影响。

最后，平均关税利率是国际交易价格的一个直接部分。当其他的贸易限制同样损失巨大或比它更大时，评估一个自觉约束合同（如在80年代日本小汽车出口到美国）对交易价格的影响是很难的。由于卫生原因颁布的一个重要禁令（如欧洲禁止从美国进口荷尔蒙牛肉），或在海关的停留时间（在新加坡平均 15 分钟，而在坦桑尼亚是 1—2 周），关税税率是开放程度的一个很好的总体指标，并且成为帮助确定生产模式的交易成本的一个重要部分。例如，北美自由贸易协定的成员，加拿大、墨西哥和美国之间降低的关税，推动了该区域生产一体化进程的加速。装备产品，如汽车零部件从美国出口到墨西哥，在墨西哥组装成汽车，然后再送回美国。很显然，汽车零部件在进入墨西哥时是按照零部件收取关税的，而回到美国时是按照整车收取关税的。降低的关税壁垒降低了在北美洲的贸易成本，并且对经济活动的模式有深远的影响。在 TPI 样本中的关税税率从爱沙尼亚和香港的 0 个百分点到孟加拉国和缅甸的超过 50% 之间变动。在交易成本最低的 10 个国家中，有 7 个国家的平均关税税率低于 6%。在这个范围的另一面，得到最低 TPI 分数的 10 个国家中，有 6 个国家的平均关税税率超过 25%。这样的税率使他们与全球市场上高关税经济严重分离，因为交易成本在国际上变得类同贸易禁止。

大量的交易成本经济学的经验工作都集中在解释交易成本基础上不同制度的出现和采用。与公共物品提供、转移相联系的交易成本，很大程度上依赖于政府腐败。透明国际提供了一个典型的腐败定义，"为了私人所得对公共权利的滥用"。如果公共官员为了他们自己的私人目的而使用他们所代表的权力的位置，公共产品和公共提供物品将受损害，集体行动将被削弱。腐败不能润滑贸易车轮，而是把个人偏好胶着在影响集体行动中。腐败指数已被广泛应用于经验工作中，TPI 用了由考夫曼等人编撰的腐败控制程度为一个指标。按照他们的指数，腐败控制程度最好的国家是瑞士、新西兰和加拿大。最弱的是缅甸、尼日尔和喀麦隆。交易成本最低的 10 个国家中，有 5 个也是在 10 个腐败控制程度最低的国家之中。

另一个对交易成本有大的作用的制度要素是产权的保护程度。采用的宽泛交易成本概念，包括用于：（1）维持排他性使用的权利；（2）防止侵权；（3）转移所有权。它们使资产替代（make assets fungible）、使抵押品成为可能，它们方便了资产在众多所有者之间的分割；它们帮助分享信息，使陌生人彼此贸易；总之它们可以降低交易成本。第索托强有力地论证了在发展中国家制度安排的缺乏阻止经济进步。弗雷泽研究所（Fraser Institute）发表了产权指数被包括在 TPI（Transaction Price Index）中。这抓住了交易成本的中心要素。产权指数可以被解释为使用正式的公开的交换机制价格。高价格的国家更多的经济活动陷于非正式行业。指数显示出在马达加斯加、马里、塞拉利昂、喀麦隆的产权指数弱，而这些国家的交易成本是高的，按照TPI 非正式行业是大的。

和产权紧密相关的是合同的执行。就像克莱格（Clague）、基弗（Keefer）、耐克（Knack）和奥尔森（Olson）阐述的，一些交易很容易被抑制（repressed），一些更依赖第三方力量。合同执行是从事（engaging in）合同集约交易（contract intensive transaction）价格的重要部分。克莱格（1999）等人用没在银行外持有流通的货币供应（M2）份额设计了一个独特的合同执行指标。他们叫"合同集约货币"（contract intensive money），其思想是大部分比例以现金形式持有M2 的那些国家，合同的神圣性是弱的，因为储户害怕银行家吞噬他们的资金。在马里、乌克兰、缅甸，40％多的货币供应在金融系统之外。相反，合同被有效执行的国家，公众在银行储蓄而不是以现金形式持有保持相当大的比例。卢森堡、新西兰和丹麦在银行外持有的货币供应不到5％ 。

法律规则也是交易成本制度决定的重要方面。虽然相对来说，法律规则超出了腐败控制、产权和合同执行，它描述了对于制订计划（making plans）更宽范围的可靠性。它抓住了居民和政府对规制它们相互作用规制的尊重。测量法律规制的各种不同指数已经被用来发展关于制度作用的进一步的经验工作。TPI 包括的数据是由考夫曼等人编撰的。按照他们的指数，法律规制最弱的是肯尼亚、阿尔吉尼亚、尼格利亚，最强的是瑞士、新加坡和挪威。

采取宽泛的交易成本概念：协调成本，很清楚通信和运送是确定交易成本价格水平的组成部分，简便的通信是市场范围的重要决定因素。TPI 包括当地电话成本、长途电话成本、运送成本（the cost of shipping）和文盲率以得到通信成本。

通信成本的一个指标是当地电话。这个要素反映了当地协调成本，抓住（capture）了使用降低交易成本的其他技术价格部分，像互联网。关于互联网进入比率的数据仅仅能得到 OECD 国家的数据，当地电话成本平均占进入互联网价格的 65%（OECD Communications Outlook，1999）。在美国，互联网对交易价格具有强大的作用。促进生产力，降低库存，降低所有行业的交易成本，热衷于新经济的人比较了铁路、汽车、电力和电话的到来。互联网也促进了国际贸易，如美国在线家庭教师公司提供 24 小时的辅导服务，比雇用家庭教师更便宜。由于限制了交易成本，没有互联网这样的交换是不可思议的。因此当地电话是交易价格的重要组成。TPI 采用当地电话呼叫 3 分钟成本的数据。尼日利亚和俄罗斯在这个项目的费用最糟，3 分钟当地呼叫，平均费用超过了 0.25 美元。

长途电话是国际交易价格的重要组成。就像科斯交易成本定义的几个组成包括"发现交易对象，告知人们要交易，交易什么，进行谈判，讨价还价，鉴定合同"的努力。当双方没有居住在相同的地方时，信息技术对降低交易成本是重要的，像传真、电话会议也依赖长途电话。因此，3 分钟长途电话呼叫是美国世界经济活动成本的重要组成。对美国居民而言，使用长途电话服务进行交易的成本每 3 分钟大约 0.42 美元。缅甸超过了 26 美元。另一个重要进入扩展市场成本的通信指标是运送成本比率，美国较低的海运成本，大大降低了与各个国家的交易成本，如使得地理位置分散的地方间的商品和用互联网销售成为可能。在美国扩大的快速邮件服务也降低了成本和运送风险。这也帮助解释了贝纳姆夫妇的观察，美国 1989 年运送曲轴用一天的时间，在秘鲁却用 41 周。亚历山德拉·贝纳姆和李·贝纳姆（1998）认为航空、陆地和海运也存在一个比率范围，TPI 包括在美国联合包裹服务（United Parcel Service）运送一封信和一英镑的包裹。接近于美国的加拿大和墨西哥平均运送成本 24 美元，新加坡和中国香港列在第 5 和第 6 位，指出距离不被唯一决定，无论如何，地理上从地球经济活动中心分离构成了交易成本的合法部分。平均来说，UPS 费用去美洲国家的邮件费用是最高的，超过 74 美元。

最后，交易价格指数和交易效率指标也包括文盲率的统计。认字的程度通常在交易上是重要的，在数字化信息的先驱，快速发展的信息技术中，文字是以合同为载体的交易基础。

第三节　度量方法

根据衡量一国交易效率、交易成本状况，要从指标数据间关系来分析判断选用的度量方法。艾根·祖齐（2001）等人采用计量经济学的因子分析方法计算交易成本价格指数，用因子分析来对实证资料进行因子提取，以得知并验证哪些要素对各个国家的交易成本有重大影响力。

因子分析是指自 K 个变量提取 J 个潜伏因子的统计方法，因子个数小于变量个数（$J < K$），行为个体所表现出来的行为变量，变量众多且杂乱无章。然而，隐藏在背后的潜伏因素只有少数几个且井然有序。因子分析方法就是要有为数众多的行为变量提取出少数几个潜伏因子。在因子分析中 K 个行为变量均可观察（observable），因子分析以变量数缩减为主，希望以少数几个潜伏因子代替多个行为变量。交易价格指数方法用因子分析提取因子的做法属于"验证性因子分析"（confirmatory factor analysis）的范畴，即行为变数与所提取的潜伏因素在一定理论框架的前提下，为验证理论框架与实际资料的相容性所进行的因子分析。此外，因子分析还可以提供"效度"（validity）的信息。若因子分析前的理论就已确定，因子分析结果和理论一致的话，便是因子效度（factorial validity）证明。

在这类文献中重点强调了以下步骤。

对选定的代表交易效率不同层面的众多因素进行分析前的预处理，观察数据分布状态如何、统计量信息等，并在相应处理后进行信度分析。

分析所选指标是否内在一致，能否作为交易效率的变量。用科伦巴赫（Cronbach）的 α 信度系数。α 小于 0.35 为低信度，在 0.35 和

0.7 之间为中信度，0.7 以上为高信度。只要 α 大于 0.7 就说明所选择的各因素内部一致，具有良好的信度。

根据具体问题，判断用什么方法进行测量。交易价格指数方法采用的是因子分析，并采用 KMO 及球形检验来判断数据是否符合分析要求。具体在该条件的判断上，除了根据专业知识外，还可以使用 KMO 和 Bartlett's 球形检验加以判定。

KMO 统计量：用于探查变量间的偏相关性，它比较的是各变量间的简单相关和偏相关，取值范围为 0—1。如果各变量间存在内在联系，则由于计算偏相关时控制其他因素就会同时控制潜在变量，导致偏相关系数远远小于简单相关系数，此时 KMO 统计量接近 1，做因子分析的效果好。一般认为当 KMO 大于 0.9 时效果最佳，0.7 以上时效果尚可，0.6 时效果很差，0.5 以下时不适宜做因子分析。

Bartlett's 球形检验：用于检验相关阵是否是单位阵，即各变量是否各自独立。如果结论为不拒绝该假设，则说明这些变量可能各自提供一些信息，之间恐怕没有什么联系。

对代表交易效率不同层面的因素进行因子分析，提取主成分，并称为交易效率因子。

对数据标准化。与 HDI（人类发展指标）和弗雷泽研究所的世界经济自由指数一样，TPI（交易价格指数）使用以下公式来标准化数据：

$$V_s = \left[\left(V_{max} - V_i \right) / \left(V_{max} - V_{min} \right) \right] \times 10$$

V_s 是被标准化的指标分数，V_i 是给定国家的指标值，V_{max} 和 V_{min} 是要被确定的最大值和最小值。商乘以 10 把标准值按比例变为 TPI 选择的范围（0—10），分数 10 表示低的交易成本，分数 0 表示高的交易成本。应该注意到在遇到通胀因素，较大的指标数产生较低的指数值时，这个公式是适用的。因此，当给定国家的通货膨胀率（V_i）接近最大值（V_{max}）时，商和此要素的 TPI 分数变为 0。如果通货膨胀率接近最小值（V_{min}），商接近 1，产生指数分数 10。在一些情况下，一个较大的指标数会导致一个较高的指数分数。这就是要素合同密集型货币的情况，更多的货币以合同密集形式持有意味着更强制性的合同执行。对此要素，标准化公式调整为：

$$V_s = [(V_i - V_{min}) / (V_{max} - V_{min})] \times 10$$

当合同密集的货币提供（V_i）的比例降到最小值（V_{min}）时，此要素的商和结果 TPI 分数接近 0。作为对比，当合同密集货币接近最大值（V_{max}）时，商接近 1，产生指数分数 10。

典型的，V_{max} 和 V_{min} 由三个方法中的一个确定。第一个确定方法取 V_{max} 和 V_{min} 作为在样本内的最大与最小指标值。这种方法在频数分布相对平坦和观测值相对平坦地展开的情况下看起来是适用的，它被用来标准化弗雷泽研究所要素的大约一半数据，和 TPI 包括的 12 个指标中的 2 个。然而，TPI 多数要素的数据特征使这个程序不适用。例如在年通货膨胀的情况下，大多数国家降到 0—20%，一些局外者遭受 1000% 的通货膨胀。通过样本的最大值和最小值的加权导致大多数国家都获得指数分数接近最大值 10，而局外者得到 0。

当分布高度歪斜和局外者是极端情况时，如在通货膨胀的情况下，排除局外者的第二个程序将会主观地确定 V_{max} 和 V_{min}，在年通货膨胀的情况下可能为 50 和 0。在这种情况下，任何表现出超过 50% 的通货膨胀率的国家都得到指数分数 0，价格完全稳定得到分数 10。这个标准化程序可用于 HDI（人类发展指标）的所有要素，弗雷泽研究所的经济自由指数中所包含的大约一半要素。它也是应用到 TPI 的 12 个要素中 3 个要素的标准化方法。对于 3 个其他要素，程序被最大值主观设定和最小值取自样本内的最小指标值弄混了。

这种混合对于没有明显下限的要素看起来是适用的，因为 0 是平均关税税率的强迫最小值，运送货箱的成本面临小于 0 的下限，所以取最小值作为样本中的最小指标值。

最后，如果给定指标的观测值有些像正态分布，你可以设定 V_{max} 和 V_{min} 等于样本平均值加上或减去一个标准偏差。一个正态分布在这是一个重要的标准，否则程序会产生无意义的结果，在通货膨胀的情况下，平均值大约是 20%，标准偏差超过 100%。在平均值加上或减去一个标准偏差基础上设定 V_{max} 和 V_{min} 会导致设定 V_{min} 在 -80%，显然不现实。长距离电话的成本大约是正态分布的，它是唯一使用本方法来标准化的 TPI 要素。

诺尔贝克氏（Noorbakhsh）注意到选择标准化程序会导致要素"非计划加权"，使随后的编译只有一个单一指数。恰当地注意到困难，获知的判断经常是唯一的选择最大值和最小值的向导，TPI 根据数据的性质为每个要素选择一个标准化技术，或直接从已经标准化的指数中提取数据。

第四节　测量结果

交易效率可以被认为是消费者或厂商支付了交易的商品或服务的实际价格以及损耗的时间等机会成本之后获得的剩余。从一个经济体来看，是一国经济组织或个人在一定时间内进行各种交易活动的平均交易效率。国家越发达交易价格指数越高，交易效率也就越高，单位交易成本就越低。

艾根·祖齐（2000）和钟国富（2003）计算结果相近。

艾根·祖齐（2000）计算的 88 个国家和地区的 1997 年交易价格指数被描述在附录中，指数范围从 0 到 10，10 表示高的交易效率和低的单位交易成本，0 表示低的交易效率和高的单位交易成本。交易效率最高的是加拿大（9.1），顺次是新加坡（9.0）、中国香港（8.7）、荷兰（8.6）、卢森堡（8.6）、美国（8.5）、瑞士（8.5）、挪威（8.4）、新西兰（8.4）和法国（8.3）。交易效率最低的是马达加斯加（3.1），然后是马里（3.1）、尼日利亚（3.2）、塞拉利昂（3.3）、马拉维（3.5）、塞内加尔（3.6）、俄罗斯（3.8）、乌干达（3.9）、保加利亚（4.1）和喀麦隆（4.1）。

钟国富（2003）计算的 2000 年交易效率最高的五个国家是：新加坡、冰岛、芬兰、瑞士、卢森堡。这几个国家的人均 GNP（以 1995 年美元计算）最少的超过 28000 美元；交易效率指标最低的五个国家：尼日利亚、塔吉克斯坦、奈及利亚、海地、刚果。人均 GDP（以 1995 年美元计算）最多仅 841 美元。

交易效率指数方法表明，在不同制度下交易成本的差异是巨大的。在一定的制度下，单位交易的成本越低，这种制度就越有效。发展中国家与发达国家的差距形成的一个重要原因是发展中国家的运行成本高，运行成本高使发展中国家的分工、交易等经济发展的因素大大地受到影响。交易效率指数或交易价格指数低的国家制度环境欠佳，信息通信科技不发达，再加上教育不普及，因此很难获得专业化的利益。专业化程度不发达，就会阻碍经济发展。

第六章　中国地区经济发展差距的交易成本解释

中国经过 30 多年的经济体制改革之后，各地区之间的经济差距不是在缩小，而是在逐渐拉大。传统经济学认为地理环境、技术水平、人员素质等转型成本因素是差距拉大的根本原因。以传统经济理论为指导，我国政府对落后地区进行了物资上的巨大支援，但结果不但没有缩小发展差距，而且差距仍在扩大。只有找到病因，才能开对药方。经济发展差距拉大的原因不是转型成本而在于交易成本，交易效率低，单位交易成本大，造成交易的总成本高，从而使经济发展上不去。

第一节　地区经济发展差距

从 1978 年改革开放至今，中国经济奇迹般地保持了 30 多年的高速增长，在各重大领域都取得了巨大成就，尤其是经济领域，已经实现了国民生产总值翻几番的目标，全国 GDP 总量在 2013 年达到 56.88万亿元，比 1978 年增长了 25 倍多；2013 年人均 GDP 为 4.18 万元，比 1978 年增长了 17.5 倍。中国经济的发展速度快，而且在总量上已经取得很大成绩，但是经济发展的成果分配现状却令人担忧，一个不容忽视的问题是省域间经济发展差距偏大问题依然存在，比如 2012 年人均 GDP 最高的天津为 9.13 万元，最低的贵州为 1.97 万元，前者是后者的 4.63 倍。2012 年居民人均名义收入最高的上海市为 3.41 万元，最低的西藏为 0.75 万元，前者是后者的 4.55 倍。按照国家统计局公布的各省市区 GDP 增长率，20 世纪 80 年代中西部比东部平均增长率低 1% 左右，90 年代则低 2%—3%。东中西部地区经济增长率的差别也导致了它们之间人均 GDP 和人均可支配收入差距的明显扩大。1980年，中西部人均收入分别相当于东部的 78% 和 70%。到了 2002 年，它们与东部的比例分别降到了 62% 和 54%。统计数据显示，1979 年，东、中、西部国民生产总值在全国的比重分别为 52.5%、31.0% 和 16.5%。2009 年，东、中、西部国民生产总值在全国的比重分别为 59.6%、24.3% 和 16.1%，东部地区增加了 7.1%，而中、西部地区则分别减少了 6.7% 和 0.4%。我们知道基尼系数值在 0.4 以上就表示收入差距很大，而中国在 2003 年的基尼系数就已经为 0.479。从整体来看，中西部地区的产业结构基本没有变化，10 年来保持相对稳定的状态。从具体的各产业来看，10 年来东部地区第一产业增加值占其GDP 的比重均不到 0.1；而西部地区第一产业增加值占其 GDP 的比重均高于 0.1；东部地区第三产业增加值占 GDP 的比重从 2003 年的 0.395 逐步上升到 0.46。虽有上升但幅度也不大，而西部地区的第三产业 10 年来几乎没有增长，均维持在 0.38 左右。2014 年在工业和信息化部信息化推进司的推动下，由智慧城市网、《智慧城市》杂志等单位主办，基于物联网、云计算、人工智能等技术而形成的一种新型信息化的城市形态，营造有利于创新涌现的生态，实现全面透彻的感知、宽带泛在的互联、智能融合的应用以及以用户创新、开放创新、大众创新、协同创新为特征的可持续创新，选出了 "2014 中国十大智慧城市"，分别是北京、上海、杭州、厦门、天津、温州、锦州、咸阳、威海、宁波，中西部城市竟无一个当选。

近 10 年来，越来越多的学者认识到区域经济发展不平衡的巨大危害，居民人均收入地区差距过大，既不利于社会和谐稳定，更不利于全国各地区同步实现小康社会；既与社会主义和谐社会的主题不符，也成为阻碍中国经济发展的症结。虽然经济发展中存在区域差距在所难免，但这种差距是如何造成的呢？因此，近年来，国内理论工作者和实际工作者就地区间经济差距的程度测度与成因分解进行了大量研究，中央政府也就解决地区间经济差距过大问题提出了大政方针和政策措施，并取得了一些成效。然而，从理论研究上看，驱动省域间居民收入差距形成及其变迁的成因分解缺乏科学合理性，以至于所提出的政策建议缺乏精准性、可行性和实践性。从实践探索上看，由于缺乏对症取方的理论指导，症因不明，药方不对路，所采取的政策措施缺乏精准性、联动性和有效性，以至于实践探索成效不明显。

表6.1　各地区城镇居民人均收支、恩格尔系数及排序（2013年）

国家地区	省份	可支配收入				消费性支出		恩格尔系数	
		数量（元）	位次	增长率（%）	位次	数量（元）	位次	系数	位次
中国		8896		12.4		6626		37.66	
东部	上海	19595	1	9.1	30	28155.0	1	34.89	20
	北京	40321	2	10.6	4	426274.9	2	31.10	29
	天津	32294	6	9.0	31	21711.9	5	36.58	13
	浙江	37851	3	9.6	25	23257.2	4	34.43	22
	江苏	32538	5	9.6	25	20371.5	6	34.73	21
	山东	28264	8	9.7	23	17112.2	11	32.88	24
	辽宁	25578	9	10.1	11	18029.7	9	32.19	26
	广东	33090	4	9.5	29	24133.3	3	36.70	12
	海南	22929.0	16	9.6	25	15593.0	18	44.76	2
	福建	30816	7	9.8	20	20092.7	7	36.95	10
	河北	22580	19	9.9	17	13640.6	28	32.29	25
中部	黑龙江	19597	29	10.3	7	14161.7	24	35.80	16
	内蒙古	2549.7	10	10.1	11	19249.1	8	31.78	28
	吉林	22275	23	10.2	9	15932.3	15	29.24	30
	山西	22456	20	10.0	16	13166.2	30	27.92	31
	河南	22398	21	9.6	25	14822.0	23	33.15	23
	湖北	22906	17	9.9	17	15749.5	17	39.74	4
	湖南	23414	12	9.8	20	15887.1	16	35.15	18
	江西	21837	24	10.1	11	13850.5	26	37.70	9
	安徽	23114	15	9.9	17	16285.2	14	39.12	5

国家地区	省份	可支配收入				消费性支出		恩格尔系数	
		数量（元）	位次	增长率（%）	位次	数量（元）	位次	系数	位次
西部	广西	23305	13	9.7	23	15417.6	19	37.89	7
	四川	22368	22	10.1	11	16343.5	13	39.60	5
	贵州	2066.7	26	10.5	5	13702.9	27	35.87	15
	云南	23236	14	10.3	7	15156.1	22	37.88	8
	陕西	22858	18	10.2	9	16679.7	12	36.43	14
	宁夏	21833	25	10.1	11	15321.1	20	31.95	27
	甘肃	18965	31	10.5	5	14020.7	25	36.82	11
	西藏	20023	27	11.1	1	12231.9	31	48.15	1
	重庆	25216	11	9.8	20	17813.9	10	40.67	3
	青海	19499	30	11	2	13539.5	29	35.28	18

资料来源：根据中华人民共和国国家统计局《2013 中国统计年鉴》（中国统计出版社 2014 年版）整理。

表 6.2　全国各地区农村居民人均收支、恩格尔系数及排序（2013 年）

国家地区	省份	可支配收入				消费性支出		恩格尔系数	
		数量（元）	位次	增长率（%）	位次	数量（元）	位次	系数	位次
中国		8896		12.4		6626		37.66	
东部	上海	19596	1	10.1	31	14235	1	37.48	13
	北京	18337	2	11.3	28	13553	2	34.65	21
	天津	15841	4	12.9	9	10155	4	34.86	20
	浙江	16106	3	10.7	29	11760	3	35.64	16
	江苏	13958	5	11.4	27	9910	5	33.13	25
	山东	10620	8	12.4	20	7393	8	34.54	22
	辽宁	10523	9	12.1	24	7159	11	25.19	19
	广东	11669	6	10.7	29	8343	6	44.78	3
	海南	8343	18	12.6	15	5466	26	48.03	2
	福建	11184	7	12.2	21	8151	7	44.17	5
	河北	9102	12	12.6	15	6134	17	32.01	28

国家地区	省份	可支配收入				消费性支出		恩格尔系数	
		数量（元）	位次	增长率（%）	位次	数量（元）	位次	系数	位次
中部	黑龙江	9634	10	12.0	25	6814	12	35.19	18
	内蒙古	8596	15	12.9	9	7268	10	35.54	17
	吉林	9621	11	11.9	26	7380	9	33.04	26
	山西	7154	23	12.5	18	5813	20	33.04	27
	河南	8475	16	12.6	15	5628	25	34.44	23
	湖北	8867	13	12.9	9	6280	16	36.76	15
	湖南	8372	17	12.5	18	6610	13	38.38	12
	江西	8781	14	12.2	21	5654	24	42.26	8
	安徽	8098	20	13.1	7	5725	22	39.65	11
西部	广西	6791	25	13.0	8	5206	27	40.05	10
	重庆	8332	19	12.8	12	5796	21	43.80	6
	四川	7895	21	12.8	12	6309	15	42.24	9
	贵州	5434	30	14.3	3	4740	30	42.96	7
	云南	6141	29	13.4	5	4744	29	44.22	29
	陕西	6503	27	12.8	12	5724	23	31.82	29
	宁夏	6931	24	12.2	21	6490	14	31.15	30
	甘肃	5108	31	13.3	6	4850	28	37.09	14
	西藏	6578	26	15.0	2	3574	31	54.25	1
	青海	6196	28	15.5	1	6060	19	30.89	31

资料来源：根据中华人民共和国国家统计局《2013 中国统计年鉴》，中国统计出版社 2014 年版整理。

第二节 传统经济学的解释

近年来，传统经济学对区域间经济发展差距的影响因素作了不少研究，并进行了许多实证分析。例如，娄彬、王恩胡（2012）认为三大地区经济差距主要是由投资的差距引起的。因此，要缩小东、中、西部的经济差距，必须加大对中西部的投资，尤其加大对西部地区的科技投资。彭国华（2005）、吴建新（2008）等得出全要素生产率在地区劳均产出差异中的贡献份额在 75% 左右，是中国地区差距的最主要决定因素；郭金龙（2003）和郭玉清（2010）等的研究结论表明，资本等生产要素的差异是造成中国地区经济差距的最主要原因。陈安平（2003）、石磊和高帆（2006）实证结果则表明，产业结构的地区差异是引致地区经济差异性演变的关键性因素；樊士德和姜德波的实证结果则是劳动力流动拉大了地区间经济差距。李立华（2004）在中国各地区发展差距总体特征的基础上分析了造成这种差距的原因主要在于制度、政策、区位和基础设施建设。郭庆旺、贾俊雪（2006）同时结合时变参数和趋同核算的方法，研究了各种因素在 1978 年到 2004 年期间对我国区域经济趋同的贡献。他们认为中央财政支出是影响中国区域经济趋同或趋异的一个很重要的因素。吴桂珍（2006）结合主成分分析法、聚类分析法、泰尔指数、建立面板数据模型等方法，对我国区域经济发展差距进行了综合性的分析，并根据分析结果找出影响经济发展差距变化的主要因素。覃成林、王荣斌（2007）使用趋同分析来研究中国 1978 年到 2005 年的区域经济增长问题，证明处于工业化时期的中国随着工业化进程的推进，经济增长趋同或趋异将经历一个倒"U"形过程。就是说以往经济学家用各种物质生产要素的变化来说明这种差距，认为用于转型的物资资本是经济发展和经济差距的唯一因素。传统经济理论不外乎强调以下因素。

地理环境。认为各地区自然条件的差异是中国工业发展区域差异的物资基础。由于我国存在三大自然区（指东部季风区、西北干旱区、青藏高寒区）、三个地势阶梯，水土资源的东西差异基本决定了我国国土资源的开发程度；决定了经济水平、工业实力的东西间差异；矿产资源及能源分布的区域差异，水资源的宏观地域差异也是构成我国南北间经济结构、工业方向差异的自然基础。落后地区之所以落后、贫困地区之所以贫困，或者是由于那里的自然环境太差，自然资源太少；一方水土养一方人，自然地理环境使那里的人们甘于平庸、不思进取、十分懒惰，等等。

基础设施。基础设施是一个地区经济发展的硬件条件，一定程度上影响着该地区经济增长的持续性，一般可从交通、供水、通信基础设施等方面来考察。如果没有交通，只能建立一种地区性的自然农业，他们认为一个国家或一个地区越穷，就越需要好的道路，因为坏的道路会加快运输工具损坏，从而很快扩大资本损失，这又会大大超过好路与坏路之间的成本差异。没有供水，就无法有效地控制传染病。道路和供水必须是公共投资。

科学技术。西部地区科技力量薄弱，科技投入不足，企业的技术水平落后，科技人才少，是经济发展落后的主要原因。中西部地区的科技创新能力明显低于东部地区，从高技术产业规模以上企业产值、科技经费支出、人均研发经费支出、技术市场成交合同数、科技转化能力、技术进步的贡献对于社会经济的发展带动和促进程度等科学技术发展指标看，和东部地区的差距也非常明显，是造成西部经济发展后劲不足的一个重要方面。

劳动力素质。由于历史、民族、经济等多种原因，西部地区的教育事业低于全国平均水平，尤其是少数民族地区，教师待遇低，直接影响了边疆的教育发展，很多农村的孩子上学因距离远、家庭贫困而辍学，导致劳动力素质没有东部地区高。人才不愿意到这些地区工作，考大学出来的学生不愿意回去，那里的人才又"滚滚长江东逝水"，"孔雀东南飞"。所以教育资源和人才的缺乏是中西部经济发展落后的主要原因。

资本。虽然资本不是决定经济增长的唯一因素，但是资本对一个国家或地区的经济增长来说，是一个无论如何强调都不会过分的因素。哈罗德－多马模型（$G = s/c$）就阐述了在技术水平不变的情况下，经济增长与资本的关系；而罗森斯坦－罗丹用他的"大推进"理论，更论证了资本对经济增长的重要意义。中西部地区本来就发展慢，不可能有那么多的储蓄，因为没有储蓄所以没有资本形成，因为没有资本形成所以发展不了经济，因为发展不了经济所以还是贫困。

城市化水平。城市化指的是某地区农村人口转变为城市人口、农村转变为城市的过程。城市化是人类社会发展到一定阶段的必然产物，是衡量一个区域经济和社会发达的标志，是构成地区经济综合实力的重要因素，也是衡量一个国家或地区发展水平的重要标志。中西部城镇化建设要明显落后于其他区域，导致了地区经济综合实力相对不足。

产业结构。落后的产业结构使中西部经济难以起飞。中西部地区经济结构调整缓慢，产业结构仍然未得到有效调整和优化，农业经济特征和资源性经济特征明显，农业占 GDP 比重仍然较大。比如，2010 年，西部十二省区市的第一、第二、第三产业的比例为 13.1：50.0：36.9，与全国 10.1：46.8：43.1 的比例相比，第一产业经济比重过高，第三产业比重较低。西部十二省区市第一产业就业人数为10148.9 万人，占就业总人数 21287.6 万人的 47.68%，同时，西部十二省区市的工业生产中资源开采和初加工占有较大比重，科技含量较高的制造业比重较低。

这样，在传统经济学理论指导下，经济落后地区政府在基础设施、资本、人才等方面下功夫，以求得快速发展。经济起飞的成败关键决定于投入生产的物资资本是否能顺利取得，认为能获取投入生产的实物资本是决定经济发展与成长的先决条件。于是，这些地区用减少目前的消费以增加储蓄，积极争取外资、外援的途径发展本地区的经济，使实物资本快速积累来加快经济成长的速度。中央政府在 20世纪 50—70 年代持续实行了转移财政支付、平衡收入差距的政策。50 年代兴建的一批大中型工业生产项目设了在中西部地区；自 60 年代起又通过三线建设进一步将工业重心由东部沿海地区向西部地区转移。一部分工业迁往中西部，固定资产投资也主要转向中西部地区。1999 年之后，国家又多次推出"西部大开发"的政策，据于春玲、余学斌、孙杰（2008）等人的研究，2004 年以来，与我国东部地区相比，中西部地区的固定资产投资多年来持续增长。东部地区的投资增速从 25.7% 下降到 2007 年的 20.7%，降幅为 5%。相比之下，中西部地区的投资增速基本上在 30% 左右。但投资增速的同时却是经济增长速度的减缓。教育方面，2003 年西部地区教育投入只有东部地区的一半水平，到了 2012 年西部地区教育投入已经占到了东部地区投入的 80%，西部地区加大了教育投入，两者的教育投入差距在缩小；基础设施方面，两大区域的人均邮电业务量在 2011 年和 2012 年都有了大幅降低，但从 2003—2010 年的数据来看，西部地区人均邮电业务量的年均增长率比东部地区高约 13%，两大区域基础设施有缩小趋势；2003—2007 年东部 GDP 年均增速为 11.7%，高于全国平均水平 1.3%，中部地区年均增速为 9.9%，较全国低近 0.5%，西部地区年均增速为 10.3%，较全国低 0.1%。

可是经过这么多年的发展，中西部的经济增长与东部相比，经济发展的差距不但没有缩小，反而有扩大的趋势。1998—2006 年东部地区 GDP 由占全国 GDP 的 55.96%，上升了近 4% 达到近 59.56%，中部地区由 26.28% 下降到 23.28%，西部地区基本保持不变。1999 年西部大开发时，西部 GDP 为 15354.02 亿元，东部 GDP 为 45439.26 亿元，两者相差 30085.24 亿元，西部 GDP 是东部的 33.79%。西部大开发 6 年后，即 2005 年西部 GDP 是 33493.31 亿元，东部 GDP 是 109924.64 亿元，两地相差 76431.33 亿元，西部 GDP 下降到东部的 30.47%。2012 年，西部 GDP 为 113904.8 亿元，东部 GDP 为 405037.3 亿元，两地相差 291132.5 亿元，西部 GDP 只占东部的 28.12% 了，两地差距进一步扩大。因此，增加投资、吸引科技人才、加大教育投入等西部大开发措施，并没有使西部与东部的发展差距缩小。

第三节 交易成本理论的解释

一 转型成本不是地区经济发展差距的主要因素

转型成本为把投入转换为产出、执行转型功能的成本或直接的生产消耗，它和交易成本一起构成总成本。如果地区发展之间的差距最终归结为地区之间的转型成本，即生产要素多少的差异只是在"静态"上有意义，那么从发展的动态观念来看，这种比较就没有什么意义了。

西部大开发战略动员了大量的劳动力去修建道路、桥梁、水利灌溉系统以及其他一些基础设施，但结果怎样，这些基础设施并没有得到充分利用，甚至闲置浪费；也不能说中西部地区的劳动力素质比东部差，实际上有许多人都是东部或华北迁来的移民，有进入西部地区的"南下干部"转业留在西部后，成为当地行政和企事业单位的领导；还有响应党的号召，为支援边疆建设，大学一毕业就踏上了西部土地的科技人才，他们当中的许多人都来自上海、江苏和浙江这样的先进地区。在改革开放之初，他们正是年富力强的年纪，而且大多数都身居领导岗位，就算西部的土著居民素质低下，那么这些素质极高的外地人，为什么也没有肩负起发展西部经济的重任？所以中西部人从事商品经济的积极性不高的真正原因，并不是西部劳动力素质低下这么简单；传统经济理论把技术落后当作西部地区经济贫困的原因也不对，针对中西部的具体情况而言，真正的困难不在于技术，因为西部发展经济所需要的技术，并不是什么涉及国家安全的高端技术，在国际上会遭遇到技术封锁而不可获得。西部所需要的技术，是早已商业化了的技术，因而是可获得的。既然东部地区也是靠引进发达国家的生产技术来促进经济增长的，那么西部地区也可以引进发达国家的生产技术来促进经济增长。所以技术落后就不能算作中国西部贫困的原因；缺少资金也不是理由，发展经济学家鲍尔就不同意纳克斯的观点，他以 20 世纪初西非和南亚为例，说明只要能开发出一种有市场的产品，比如当年西非的可可和南亚的橡胶，就不用担心找不到资本来投资，他坚信经济增长的真正源泉不在于资本。在当今世界上，资源贫乏的国家却是发达国家，而资源丰富的国家却是发展中国家的例子比比皆是。

对于每个地区（国家）来讲，最有意义的是能让生产要素充分流动并充分发挥作用。所以，这就是一个生产要素的组合和体制问题了。为什么同样的生产要素在不同地区或体制下其效率却大不相同呢？地理并不能决定一国或一地的贫富。经济学家做过比较，瑞士和中国贵州在面积、自然资源和地理地貌上都非常相似，但瑞士曾经创造了全球最高的人均收入。以国内而言，温州是改革开发后经济最有活力的地方，但是温州很难说有多少丰富的自然资源，而恰恰是资源的奇缺，使得当地的居民经商，经济发展起来。谁都不会否定科学技术、物资成本和人力资本对现代经济发展的作用，但是它们不是经济增长的原因，而是经济发展本身。人们需要探讨的是为什么落后地区在历史上没有能成功地积累科学技术、物资成本和人力资本。甚至对发达国家成功地积累起来的技术和资本的引进，也存在巨大的障碍。实践表明实物资本不是国家和地区之间差距的唯一因素，仅靠实物资本并不能改变落后国家及地区的困境，导致各国及地区经济发展出现较大差距的是制度在运行过程中的摩擦成本，即交易成本。

二 交易成本是差距拉大的原因

虽然目前学术界对交易成本概念还没有统一的定义，但各种解释只是语言的表述不同、侧重点不同，并无质的区别。人类与自然打交道的经济活动为转型活动，发生的成本是转型成本；人与人的经济活动为交易活动，发生的成本为交易成本。转型活动的对象是自然界，交易活动的对象是人，在理论上转型活动可以一个人进行，交易活动至少要有两个人才能进行，单纯的转型活动中没有利益冲突，主要受生产技术的影响，而交易活动中的利益冲突是不可避免的。阿罗把交易成本定义为经济制度的运行成本。具体地说，交易成本包括经济运行中产生的信息成本、谈判成本、契约成本、执行成本、监督成本、修改成本、界定和保护产权成本等。威廉姆森认为，交易成本的存在取决于三个因素：受到限制的理性思考、机会主义和资产专用性。已经有不少新制度经济学者把交易成本理论运用于国家和地区经济发展差距的研究中，使这一领域的研究得到了新的解释和突破。

交易成本可分为总量的交易成本与单位的交易成本，明确二者的关系是研究地区发展差距的关键。总量交易成本是一个地区投入经济活动中的处理人与人（组织与组织）之间交换关系的成本总量；单位交易成本是考察这一地区一定交易过程中所耗费的交易成本，它可以衡量地区经济发展的交易效率和经济运行效率，同样的交易所耗费的交易成本大小在不同的地区差距是显著的。对于每个地区来讲，最有意义的是能让生产要素充分流动并充分发挥作用，这就是一个生产要素的组合和体制问题，也就是交易成本的问题。实践表明，转换成本不是地区之间差距的唯一因素，仅靠转型成本不能改变落后地区的困境，导致地区经济发展出现较大差距的是交易成本，是规范人（组织）行为的制度成本。更为有效的经济组织的发展，其作用如同技术发展对经济发展所起的作用那样同等重要，所以，经济组织的交易成本对生产率变化的影响是巨大的。在我国区域经济发展过程中，制度环境各异，交易效率差距明显。同样的一次交易，各个省份所花费的搜寻成本、信息成本、谈判成本、签约成本等交易成本差距是比较大的，这决定了不同省份不同的经济发展效率。交易成本是影响生产效率的根本原因，是决定区域经济发展的重要因素。经济发达地区市场经济制度环境较好，每笔交易的成本不高，交易量大，所以总量交易费用也高。总量交易费用高的地区的分工越来越细，交易服务部门不断增加，整个社会用于交易的资源增加，总量交易成本也不断增加。交易服务扩大，不仅降低了每笔交易的成本，而且为社会分工的深化、市场范围的扩大创造了条件。

诺思经过研究认为可以通过交易成本区分高收入国家和低收入国家，每一笔交易需要较少成本的国家是高收入国家，而每一笔交易需要非常高成本的国家是低收入国家。他在《经济学的一场革命》中说："作为最直接的形式，交易成本是解释经济绩效的关键"，"当我到第三世界国家考察时，发现这些国家的绩效如此之差，如果考察其要素和产品市场是如何运行时，人们会看到，无论是资本、劳动还是产品市场都存在高昂的交易成本。事实上，这些国家的社会交往及其经济活动中所面临的高昂成本是产生低水平绩效和贫困等问题的根源"。他通过给各个国家的纺织品下订单的方式，进一步验证了他的结论，像美国和中国香港这样的地方，按照交易效率来分类，排在了名单的前列，而诸如莫桑比克这样的地方则排在了名单的后列。

三 落后地区的交易效率低

任何经济体制的运转都要耗费交易费用，正如生命体的存在是以能量的耗费为前提的。兰格—勒纳—泰勒定理指出，在信息完全的条件下，完全计划、完全竞争、完全垄断都同样能达到帕累托最优状态。但现实是信息不完全，那么，就意味着交易费用的存在。因为不论是生产者还是消费者，都不得不为搜寻信息、讨价还价、签订合约、监督执行而花费大量的交易费用。从科斯定理可以知道，在零交易费用的条件下，只要产权界定清晰，不论初始资源配置如何，总能达到资源配置最优状态。同样，在现实中，零交易费用的条件也不可能达到。但该定理可以得到一个有用的推论：交易费用是决定制度性质和资源配置效率的唯一终极的解释变量。该推论指出了问题的关键之处在于交易耗费量的大小不同。在自给自足、市场、计划三种制度中哪一种效率更高，主要取决于我们渴望在哪一种制度下能够更为充分地利用现有的知识，而知识的充分利用又取决于我们怎样做才更有可能取得成功。是将所有应被利用的但原来分散在许多不同的个人间的知识交由一个单一的中央权威机构来处理呢，还是把每个人所需要的附加的知识都灌输给他们，以使他们的计划能与别人的计划相吻合？实际上，在既定的制度约束下，知识的可获得性的困难度和交易费用的增加是同向的。因此，比较制度的效率，就需要比较不同制度下交易成本的关系。

对于市场经济而言，每个人利用有限理性分散地作出决策。譬如：假定市场上只有张三和李四两人，作为生产者，同时也是消费者，在 X 和 Y 两种商品中进行选择生产和消费的数量（单位/天），如表 6.3 所示。

表6.3　　　自然经济、市场经济和计划经济制度效率比较

	谷物	斧头	(x, y) 自然经济	(x, y) 市场经济	(x, y) 计划经济
张三	10	7	(4, 3)	(10, 0)	(0, 7) 或 (0, 10)
李四	7	10	(3, 4)	(0, 10)	(7, 0) 或 (10, 5)

资料来源：王兴球：《经济体制的交易费用比较》，《中共四川省委党校学报》2003 年第 2 期。

如果张三只选择生产谷物，可生产 10 单位；只选择生产斧头，可生产 7 单位。李四在生产斧头上也占有同样的优势，可生产 10 单

位；只生产谷物，可生产 7 单位。

如果这个社会是自给自足的自然经济，为了满足自己的需求，张三和李四两种商品都得生产，只能各自生产谷物和斧头两种产品 7 单位，社会总生产为 14 个单位。

假定这个社会实行市场经济，二人根据利益衡量，自由选择生产谷物还是斧头，还是两种商品都生产，结果可能是张三只生产自己擅长的谷物，李四只生产自己擅长的斧头，生产量为自己的需要量和对方需要量，进行商品交换，交易费用为 1。结果通过交换各自可得到的单位是：10 - 1 = 9。显然这个结果大于张三和李四选择自给自足时的 7 单位效用，总产出的社会总生产为 18。无须监督和管理，因为各自都有动力做好自己的事情。当然，在现实市场中，情况将会很复杂，随着市场参与者的增加，交易成本可能会增加，需要用到超边际分析。但不论怎样，结果是市场经济中不同的参与者作出最有利于自己的自由选择。这就是所谓的分工和专业化的好处，分工和专业化的效应将会促进效率的提高。

而在计划经济中，假如经济生活中是两人社会张三和李四，不管愿意不愿意，他们都必须接受计划部门——社会管理者的安排。由于信息收集的困难、信息不对称、管理者的主观武断等原因，不慎将生产谷物交给张三生产，生产 7 个单位。而将斧头交给李四生产，生产 7 个单位。社会总产出为 14 个单位，比市场经济降低了 4 个单位，因为张三和李四生产的产品不是自己最擅长的，将会出现次品。等到管理者发现问题或得到反馈信息再进行调整时，已经浪费了很多资源。即便不如此，张三和李四都被计划生产自己擅长的产品，生产多少由计划部门决定，不能按照自己的能力和愿望生产，计划可能有的时候超出能力，有的时候生产能力余负，在分配上是统一分配，干多干少一个样，时间一长，将都有动机倾向于偷懒。于是就需要一个监工，三人平均（7 + 7）/3 单位产品，其中一份是监工的工资，也为这个社会的交易成本，就是说社会不得不拿出（7 + 7）/3 单位产品作为管理成本，也为交易成本，人均产品显然更低于市场经济的所得。

在这个简单的二人社会经济模型的对比中，从交易成本的角度来分析，市场经济要优于计划经济和自给自足经济。改革开放之后，我国从计划经济走向市场经济，现在正处于经济体制转轨过程中，市场经济逐渐成熟。但我国经济区域的市场化程度是不同的，市场化程度与交易成本的关系是：市场化程度越高，利益驱动力越强；交易效率越高，交易量越大；交易效率越高，单位交易成本越低。

在从计划经济向市场经济转轨的过程中，我国各地区之间在市场化程度方面的差距显著，龙志和（2006）认为，"我们可以从交易费用的角度去定义市场化，也就是说市场化就是不断降低市场交易费用的过程"。樊刚、王小鲁近年用五个方面 25 个要素指标体系量化了中国各省区的市场化进程。

（1）政府与市场的关系。包括市场分配经济资源的比重；减轻农民的税费负担；减少政府对企业的税外负担；缩小政府规模。

（2）非国有经济发展。包括非国有经济在工业销售收入中所占比重；非国有经济在全社会固定资产总投资中所占比重；非国有经济就业人数占城镇总就业人数的比例。

（3）产品市场发育程度。包括价格由市场决定的程度、减少商品市场上的地方保护。

（4）要素市场发育程度。包括金融业的市场化、引进外资的程度、劳动力的流动性、科技成果市场化。

（5）市场中介组织的发育和法律制度环境。包括市场中介组织的发育，律师、会计师等市场中介组织服务条件，行业协会对企业的帮助程度，对生产者合法权益的保护，知识产权保护，消费者权益保护。

表6.4　　2009 年各地区市场化总体进展和各方面的进展状况

地区	总得分	政府与市场的关系	非国有经济发展	产品市场发育程度	要素市场发育程度	市场中介组织的发育和法律制度环境
全国	7.34	7.61	8.61	7.37	5.20	7.91
东部	9.56	9.10	10.98	8.39	6.58	12.76

续表

地区	总得分	政府与市场的关系	非国有经济发展	产品市场发育程度	要素市场发育程度	市场中介组织的发育和法律制度环境
中部	7.45	8.27	9.00	7.84	4.92	6.33
西部	5.42	5.93	6.46	5.56	4.25	4.93
东北	7.34	8.04	8.60	8.17	4.97	6.81

资料来源：根据樊纲、王小鲁、朱恒鹏《中国市场化指数——各地区市场化相对进程 2011 年报告》，经济科学出版社 2011 年版整理。

东部沿海地区是我国经济最为发达的地区，东北地区和中西部地区在振兴东北老工业基地、中部崛起、西部大开发等战略的指引下，经济发展也取得了很大成就。但它们市场化程度是不同的。表 6.4 给出了 2009 年各地区市场化总体进展和各方面的进展状况。从表 6.4 中可以看出，全国 2009 年的市场化总得分为 7.34 分，东、中、西部和东北地区的得分分别为 9.56 分、7.45 分、5.42 分和 7.34 分，都比以往年代有所增长，各地区的市场化进程在持续推进。表现最好的是东部地区，其次是中部地区和东北地区，最后是西部地区，而且中西部地区和东北地区的差距仍然非常显著。这种差距不是在缩小而是在拉大。以东西部差距为例，2007 年二者相差 3.69 分，2008 年扩大到 3.78 分，2009 年已经增加到 4.14 分，从各地区的增幅来看，最大的是东部地区和中部地区，分别是 0.56 分和 0.49 分，西部地区增幅较小，两年间仅增加了 0.17 分。这说明区域间市场化进程的相对差距拉大了。

政府是规则的制定者与规则实行的执行者和监督者，因此，政府对整个社会交易成本的大小影响非常大。据樊刚等人估算，2009 年减少政府对企业的干预指数，全国平均为 7.61，东部为 9.10，中部为 8.27，西部为 5.93，东北为 8.04。就是说内地很多省份计划经济模式还起很大的作用，政府部门仍用计划经济的做法管理经济，审批范围大，程序烦琐，政策制定、执行程序不透明，寻租活动盛行，无法提供低信息成本、契约的签订、执行和监督等交易成本的能力，致使交易成本很大。所有权制度对于市场交易起着基础性的作用和影响，正像所有权经济学和契约理论中所说的，市场交易本质上是所有权的交易。2009 年非国有经济指数全国为 8.61，东部为 10.98，中部为 9.00，西部为 6.46，东北为 8.60。由于内地经济主要是建立在以国有企业为主导，公有制起基础作用的基础之上，而这种所有权制度现阶段界定得很不清楚，产权的模糊致使所有制之间缔结交易契约时容易产生没完没了的讨价还价，最终即使能够签订交易契约也只是一种非常不完全的交易契约，市场交易成本高不可攀，严重时会使市场交易根本无法进行。内地无论是产品市场还是要素市场的发育程度都较东南沿海地区落后。产品市场的发育程度指数，全国平均为 7.37，东部为 8.39，中部为 8.74，西部为 5.56，东北为 8.17。要素市场的发育程度全国平均为 5.20，东部为 6.58，中部为 4.92，西部为 4.25，东北为 4.97。而市场竞争性的价格形成，对于节约市场交易成本至关重要，在非竞争性的市场，由于价格不完全由市场来决定，因此，无论是作为供给方的企业还是作为需求方的消费者，都不是价格的接受者，这样，他们在缔结契约时就不会以此作为标准，无形当中增加了繁重的价格谈判工作，从而产生了大量的交易成本。2009 年市场中介组织的发育指数，全国平均为 7.91，东部为 12.76，中部为 6.33，西部为 4.93，东北为 6.81。市场中介组织发展滞后，就增加了各种搜寻信息费用、讨价还价费用等交易成本。总之，由于市场化程度的不同，我国东部沿海地区与内地的制度环境各异，作为制度运行摩擦成本的交易成本，内地要远远大于东部沿海地区。交易成本高，导致总成本高，经济发展不上去，和东部沿海地区的发展差距就越来越大。

从 2013 年起，由中国政法大学为主、中国法治政府评估课题组研发出由机构职能及组织领导、制度建设和行政决策、行政执法、政府信息会开、监督与问责、社会矛盾化解与行政争议解决、会众满意度调查等 7 个一级指标、30 个二级指标、60 个三级指标（观测点），组成了中国法治政府评估指标体系，总分为 300 分。对全国 53 个较大城市进行法治政府建设情况进行评估。结果显示，中西部和东部三大区域的法治政府建设水平差异明显。东部城市的平均得分是 193.73 分，中部城市的平均得分是 188.46 分，西部城市的平均得分是 179.18 分。西部城市跨越的分数区间较大，最高分 221.14 分，而最低分仅为 125.76 分，分差为 95.38 分。采用标准差除以均值得到的离散度定量的数据为东部 11.47%、中部 10.85%、西部 15.78%。东部、中部和西部比较而言，西部的城市法治政府建设水平差别较大，而东中部则相对比较均衡。从一级指标看：（1）机构职能及组织领导。排名前五位的城市是上海、南宁、广州、沈阳、杭州；（2）制度建设和行政决策。排名前五位的城市是广州、贵阳、南京、哈尔滨、汕头；（3）行政执法。排名前五位的是南昌、苏州、厦门、成都和广州；（4）政府信息公开。前五位的是上海、北京、宁波、厦门、成都；（5）监督与问责。排名在前五位的城市是南昌、南京、吉林、郑州市及重庆（大连、哈尔滨、合肥三市并列第五名）；（6）社会矛盾化解与行政争议解决。排名靠前的城市有北京、沈阳、本溪（各 18 分并列第二），哈尔滨、吉林、上海、长春、齐齐哈尔（各 17 分并列第三），南昌、大连、青岛、淮南等 10 个城市（各 16 分并列第四）；（7）公众满意度调查，前五位是北京、苏州、青岛、拉萨、大连。政府在减少经济运行的摩擦成本、提高经济运行效率中起着关键作用。如果政府想方设法寻租或为腐败政府，那么这个经济的单位交易成本是很高的，交易效率将会很低，而法治政府就是政府在行使权力履行职责过程中坚持法治原则，严格依法行政，政府的各项权力都在法治轨道上运行。政府从决策到执行及监督的整个过程都纳入法制化轨道，没有寻租的机会，势必运行顺畅、和谐。如果政府权利与责任紧密相联，积极为企业服务、为大众服务，率先诚信，必定为企业创造一个良好的生产经营环境，企业将把精力用于如何满足消费者需求、创造利润上来，而不是想如何去和政府打交道、如何与政府官员交上朋友甚至如何贿赂官员。越是法治政府，越会提高经济效率，越会减低交易中的成本，促进经济发展。

第四节 提高交易效率的途径

一 减少政府对市场和企业的干预

诺思和威利斯特别指出，政府在降低交易成本上扮演着重要角色，尤其表现在政府效率、建立基础交通运输设施、提供教育机会，以及包括制定国家法律规章制度等方面。市场化改革，其中之一就是由政府通过计划方式分配社会资源，转变要由市场机制来分配经济资源。财政是政府分配资源的主要途径。我国政府财政收入在国内生产总值中所占比重，由 1978 年的 31% 下降到 1995 年的 12%，这反映了改革开放后市场在分配社会资源的作用在加大。以后该比重又有所上升，2007 年为 20%，2009 年为 23%。2012 年全年全国公共财政收入为 117210 亿元，占 GDP 的比重为 22.6%。国家手中掌握的资源的多少，反映了政府干预市场和企业的经营活动的力度。1978 年以来，我们实行了改革开放政策，借鉴欧美成熟的市场经济国家，市场机制对于资源配置都发挥着基础性作用，发展民营经济，弱化政府干预和较高的国有经济比重。"中国模式"被认为是"政府主导发展型"。政府作用和国有经济比重有着特殊性，政府作用进入的领域较广，除了宏观调控，政府在产业政策、市场准入等方面都有广泛的干预。今后，在市场经济逐步成熟的背景下，政府应转变职能，成为一个服务型政府，以提供公共服务和社会管理为主的政府。在竞争性领域，现在的基本矛盾是市场化、民营化不足，国家要加大改革力度，继续加快市场化、民营化进程。在非竞争性领域，即提供公共物品的领域，要强调公益性和非盈利性。此外，在市场经济发展过程中，如果国家公务员制度不健全，决策过程粗糙，执行品质不良，必然导致政府的行政效率低下，交易成本过高。应该进一步减少政府对市场和企业的行政干预，进一步推进政府制度改革，建立负责任的政府执行结构，培养高素质的公务员队伍，政策制定的程序必须透明、公开。

二 建立健全现代产权制度

产权制度是一种基础性的经济制度，对资源配置及其效率有重要影响的同时，也构成了其他市场经济许多制度安排的基础。市场交易是交易主体产权的交易，其前提是交易主体必须对所交易的物品拥有明确的产权。如果所交易的东西缺乏明确的所有权归属，那么要获得该资源的人就不会通过市场等价交换的方式获得资源，而是通过其他手段甚至雇用打手去抢。因为市场机制的作用发挥是伴随产权流转的。东部各省市思想活跃，市场化进程较中西部地区快，产权转让效率高，有可能最大限度地在产权约束的范围内配置资源以获取最大收益。如果落后地区的某种资源在现有产权主体手中不能得到有效的利用，该资源就会由评价低的地方向评价高的地方流动，由此形成资源产权的市场价格，那只"看不见的手"就可促进资源的合理配置。所以，必须加快建立健全国有资产管理和监督体制。坚持政府公共管理职能和国有资产出资人职能分开。国有资产管理机构对授权监管的国有资本依法履行出资人职责，维护所有者权益，维护企业作为市场主体依法享有的各项权利，督促企业实现国有资本保值、增值，防止国有资产流失。建立国有资本经营预算制度和企业经营业绩考核体系。要大力发展国有资本、集体资本和非公有资本等参股的混合所有制经济，实现投资主体多元化，使股份制成为公有制的主要实现形式；要积极引导上规模、有条件的民营企业建立健全现代产权制度。要推动产权有序流转，完善公有资本有进有退、合理流动的机制，吸引外资和民营资本参与公有制企业的改革。要制定和完善保护各类产权的法律法规，健全产权交易规则和监管制度，保障所有市场主体的平等法律地位和发展权利。有效的产权必须是排他的，对产权进行明确的界定将有助于减少"有限理性"和"投机主义行为"，从而降低交易成本与未来的不确定性的产生。非国有经济是责、权、利比较对称、产权明晰的所有制形式，中西部地区应进一步发展非国有经济，一是放宽领域，二是公平竞争，三是鼓励和支持非国有经济进行结构调整与经济扩张。同时，还要通过国有经济股份制改造、国有股减持，收缩国有经济战线。

三 重视人力资本的投资

拥有高素质的人力，才是促进经济发展、社会迈向现代化的主要原因。资本与自然资源如果没有高素质的人力的配合，则对经济发展的贡献是有限的，教育程度越高越可能提高对信息的理解力、解释和筛选信息的能力，更有效地运用信息，使每单位信息的平均投资报酬率上升，他们对产权的认知、谈判技巧等有利于交易的顺利进行。在西部一些省区，由于"三线"建设等原因，聚集了诸多方面的优秀人才，和某些东部城市相比，具有相对的人才优势。但由于观念落后和体制落后等原因，这种优势并未充分发挥出来。中央部门与地方部门分割，传统体制的封闭性割断了人才与经济的良性结合，人才不能在城城之间、城乡之间自由流动。虽然同在一个地区，但却没有来往和流动的愿望与条件。全民与集体、个体私营之间，也是壁垒分明，难以流动。一般是一次分配定终身，对人力资源的配置统得过死，包得过多；行业与行业之间也是隔行如隔山，等等。这些原因导致中西部有些地区的人才优势向现实的经济优势转换。由于缺乏制度创新，中西部是某些省区不能为各类人才冒险创业、施展抱负提供良好的人文环境。比如，经常发生专业技术人员的编制被非专业技术人员所挤占的事情，有些科研单位的非科技人员与科技人员的比例几乎达到1:1，真正的科技人员有相当一部分不能到位，新生的科技力量也无法补充进来。一批掌握了新知识，并通过长期锻炼，已经具备了主持或独立工作能力的中青年知识分子，由于岗位、职称等诸多原因的制约，其聪明才智得不到很好的发挥，从而使得他们中的不少人不得不到外地去寻找能实现自我价值的工作。有关研究表明，我国东部地区科技人才资源经济效益系数为1.29，即一个人发挥着1.29个人的作用，而西部地区科技人才资源经济效益系数则为0.68，即一个人实际上只发挥了0.68个人的作用。西部地区大约有1/3的科技人员的专业技术没有得到充分发挥。广西对3571名专业技术人员的调查显示，工作量饱满的只占51.18%，能正常发挥作用的仅占35.12%。

这种情况表明，中西部地区要想扭转发展落后的局面，不仅仅是一个人才培育的问题，同时还必须通过人才的合理使用，留住人才，充分发挥他们的作用。西部地区如果不能从发展战略的高度看待人才使用问题，不能采取有关人才制度的创新，就有可能在与发达地区对比形成明显人才缺口的情况下陷入某种发展的误区之中。对中西部高校高层次人才的引进、培养与管理情况进行全面系统的研究，有助于中西部高校树立人才资源是第一资源的新思想、新理念；有助于推进中西部地区人才工作的科学化、民主化、制度化；有助于及时解决中西部高校人才队伍建设遇到的新情况、新问题。本研究为我国中西部高等院校高层次人才的引进、培养与管理体制的建立和完善提供了一定的理论依据；通过深入寻求中西部高校高层次人才缺失与外流的原因，为中西部高校制定吸引人才、留住人才的有关政策，实现人才强校、人才强省战略提供了理论支持；针对中西部高校高层次人才工作与成长环境问题、高层次人才绩效问题等进行具体分析，提出了切实可行的建设性意见与建议，为中西部高校的发展、中西部高等教育整体发展以及中西部区域性经济社会发展提供了智力支持。

四 大力推进科技信息技术的发展

从实质来看，通信科技和电子商务对交易成本的影响将通过两个渠道进行：一是大大降低签约前的信息成本，二是使交易契约的订立可以远距离进行。通信技术的进步可以增加信息沟通渠道，改进生产和交易流程，使交易活动的速度和质量大大提高。不管是市场机制还是级层组织，均会从通信科技、电子商务中获益，结果沟通成本会减少，相同时间内沟通的次数增加、质量提高。中西部地区要加大科技制度创新，建立有利于科技转化的运行机制和政策环境，使投入的科技经费和已有的科技人员及机构可以为企业创造更多的价值，提高科技成果转化率，增强企业的科技创新能力，充分发挥中西部地区的科技潜力和优势。加速市场化进程，加强科学研究体系、技术开发体系、科技服务体系建设，加强产学研联合，形成以科研机构、高校、中介服务机构、企业和政府相互连动的可持续发展创新体系与运行机制。倡导科技人员结合市场和企业的需求进行科学研究，使科技成果开发和应用良性循环。加快应用型科研机构向企业化转制，确立企业自主创新的主体地位，推进区域科技创新体系建设。积极培育高新技术产业，加快中西部地区科技进步和经济发展。中西部地区要加大对高新技术产业开发区的支持力度，大力发展信息技术、生物技术、先进制造、新能源、新材料、环保和医药等高新技术产业，形成有特色的高新技术产业基地和高新技术产品出口基地，推动科技进步。高效利用科技资源和科技资金，积极推广共性高新技术，促进产业结构升级，提高中小企业的创新能力。推进西部创业服务中心、大学科技园、生产力促进中心、技术市场等科技中介服务机构建设。选择区位条件优越、有特色资源的地区，以科技为支撑建立西部地区的高新技术产业特区，使它们成为西部经济发展的新高地，带动西部地区科技进步和经济发展。西部地区实施经济发展战略必须构建良好区域的市场环境，提高西部地区人民的整体市场意识，形成有利于科技进步的市场和人文环境。

五 培育和完善市场体系

以前西部地区的诸多产品（如香烟等）之所以能够生存，主要归因于区域之间的各种行政壁垒保护，但现代市场体系的统一性、开放性、竞争性三大基本特征决定了包括行政壁垒和经济壁垒在内的各种市场壁垒必将消除，西部产品能否经受住竞争考验，是难以回避的现实问题。国有经济既是西部的比较优势，也是西部的软肋所在。改革开放30多年来，西部许多国有企业破产倒闭，在西部现存的国有企业中，如果没有政府订货和特殊政策支持，许多国有企业将难以维系。以甘肃为例，一方面，能够生产出国防、航天等领域的高精尖产品；另一方面，居民日常生活用品的生产能力和竞争能力却令人堪忧。究其原因，是前者有政府订单，后者没有。甘肃等西部地区的支柱产业（主要是重化工业、有色冶炼、电力、煤炭等产业）结构，正是上述现象的直接反映。然而，在现代市场经济竞争中，日常生活用品恰恰又是市场主导产品，如果没有相应的扶持和保护政策，西部中小企业和民营经济的生存与发展、西部产业结构的调整提高，将在相当长时期内面临严峻挑战。西部地区缺乏发展市场经济的社会土壤和区域文化，具有粗犷、憨厚、安于现状的文化特征，而同精打细算、斤斤计较的市场经济的价值和效率观念相距甚远。这是改革开放后，特别是1992年中国决定实行社会主义市场经济后，西部经济社会差距与东部地区迅速拉大的深层原因。如果不能正视这一基本点，在资源配置等方面"一刀切"式地完全由市场决定，那么，西部与东部之间的发展差距，可能将进一步扩大。因此，在完善社会主义市场经济体制、建立现代市场体系过程的前期，中央对西部地区给予一定的保护是必需的。这也符合国际通行做法：世界贸易组织（WTO）成员国中的发展中成员，之所以能够在关税等市场保护诸方面享受远高于发达成员方的优惠待遇，正是基于事实上的公平贸易而采取的必要措施。在中国31个省、自治区、直辖市中，对西部地区给予一定的保护或过渡期，无论从国内还是国际层面上考察，都是可行的，也是必需的。但这个过渡期是有一定期限的，必须在中、西部地区尽快建立现代市场体系。现代市场体系除各种机制（如价格机制、利率机制、供求机制、竞争机制）和法规外，主要由商品市场、资本市场、劳动力市场、信息技术市场、土地市场等五个方面组成，靠各种市场机制，如价格机制、利率机制、供求机制、竞争机制和法规来运作。价格机制是市场机制的核心，价格向市场主体提供缔结交易契约所需的最重要信息，从而可以节约大量交易成本。所以，要积极培育和完善市场体系，要建立和健全各类产品市场与要素市场。促进以资本和劳动力市场为重点的要素市场建设，加快要素的流动性。建设统一开放、竞争有序的市场体系，是使市场在资源配置中起决定性作用的基础。必须加快形成企业自主经营、公平竞争，消费者自由选择、自主消费，商品和要素自由流动、平等交换的现代市场体系，着力清除市场壁垒，提高资源配置的效率和公平性。

六 积极发展社会中介组织

在市场经济发展中，不论是经营性中介服务组织，如律师事务所、会计师事务所等，还是协调服务性中介组织，如行业协会、行业联合组织等，都为生产者和消费者节省了大量信息成本、谈判成本、签约成本等交易成本。应该通过优惠政策鼓励、规范管理等措施，努力促进市场中介组织的发育、发展。在转变政府的职能过程中，要发展社会中介组织，充分发挥社会中介组织在社会管理和社会矛盾调节体系中的重要作用。要创造条件，逐步发挥社会组织在社会管理方面的作用，要增强社会的自治网络建设，充分发挥社会信任资源，建立社会对话和协商的机制。没有社会中介组织的发展，社会中介职能就不可能完全发挥，政府的社会管理职能就无法社会化。政府对社会中介组织的发展要持扶持、鼓励的态度，要根据中介组织的成熟程度进行相应的配套管理，对其发展进行统一规划，对现已存在的中介组织进行改造和优化，使其有计划、有重点、健康地发展。中介组织的形成和发展要适应经济与社会发展的需要，科学合理地总体规划，优先、重点发展与市场经济发展关系较为密切的中介组织。理顺政府与社会中介组织的关系，从制度上保证社会中介组织的独立性和中介性，以便社会中介组织能够以自身的名义、根据相应的法律规范承担相应的法律责任，履行公共管理中相应的职责。中介组织内部要有完善的自我管理、自我约束制度，此外，政府还要通过建立公正、公开的评估机制和监督机制，来保证社会中介组织独立承担法律责任和社会责任，解决社会组织作为社会矛盾调节的合法性和公信力问题，并更加有效地提高交易效率，减少单位交易成本。

七　转变"人治经济"为"法治经济"

　　制度能降低交易成本是新制度经济学的基本观点，制度包括正式制度和非正式制度，正式制度主要是法律。要改变长期以来计划经济体制下的"人治经济"及其弊端，要强调"法治经济"，市场行为是法律行为，排除行政权力、首长意志对市场经济的非法干预。缩小我国地区间的经济发展差距，要使传统经济学所强调的、对落后地区投入劳动、资本、土地这样一些生产要素，转向实现区域制度创新、优化区域发展环境等方面；使从过去资金、管理、人才等基本要素的竞争，发展成为整体的、全面的竞争，法治文化则是其中的重要内容。投资者在决定投资时，不可避免地计算经济收益的保护问题，会考虑区域法律制度及法律组织机构是否健全，法律的执行是否严格，法律职业者的法律素质和文化如何，法律的社会化程度如何，公民是否使用法律、信仰法律，公民对行使法律权威的法律机构及法律职业者持何种态度，全体公民守法的自觉程度如何，等等，这些都是法治文化的具体体现。因此，区域经济必须培育法治文化，树立法治的权威、法律的尊严、法律的理念、法制的意识。在培育法治文化的过程中，各级各类法制部门必须率先垂范，发挥扩散和带动作用，促成市场主体、社会关系主体循法而为。尤其是要加强对区域经济发展的司法保护，建立公正严明的司法环境，做到公正司法、不枉不纵、不偏不倚。有了国家法律的强制力，守法者才能继续守法，不守法者才会有所顾忌，营造守法、护法、讲法、信法、尚法的社会氛围。市场主体在买卖过程中，合法交易、守法交易，减少无效的交易成本的发生。

第七章　中国企业的无效交易成本

在社会化程度越来越高、分工越来越细、全球化趋势凸显的现代社会，企业用于处理和协调内部及外部关系的费用即交易成本在企业总成本中不断提高。其中有的交易成本能给企业带来收益，属于有效的交易成本；而有的交易成本就是企业的损失，属于无效的交易成本，由于我国市场交易主要以关系经济为基础，信用制度缺失、法律不健全，以及政府寻租行为时有发生等原因，使企业在生产运营过程中产生的无效交易成本严重。要提高企业交易效益和效率，减少无效的交易成本，我国必须尽快建立以契约经济为基础，以法治为本的市场交易制度，以提高企业的交易效益和效率，促进经济的发展。

第一节　交易成本、有效交易成本和无效交易成本

从科斯的文章《企业的性质》开始，交易成本在解释市场结构和非市场的经济组织形式中，担任着越来越重要的角色。所谓的交易成本，就是经济制度的运行成本（阿罗，1969），具体包括事前与事后两种：事前交易成本是指起草、谈判、保证落实某种契约的成本；事后交易成本是指交易已经发生之后的费用，如退出某种契约的费用、改变价格的费用、续约的费用等（威廉姆森，1985）。

旧制度经济学家康芒斯将交易分为三类：一是买卖的交易，表现为法律上平等和自由的人们之间的自愿买卖关系，买卖的交易的目的是财富的分配，以及诱导人们生产和移交财富，买卖的交易的一般原

则是稀少性；二是管理的交易，表现为长期契约规定的上下级之间的命令和服从关系，管理的交易和买卖的交易一样，含有一定成分的谈判，管理的交易的一般原则是效率；三是配额的交易，表现为法律意义上的上下级之间的关系，主要是政府对公民之间的关系。

根据康芒斯对交易的分类，可以将我国企业的交易划分为三种，与之相对应发生的三个部分的交易成本。一是企业内部的管理交易，即产生于企业内部管理的交易成本，它主要包括代理成本、合作成本、考核成本、组织成本；二是该企业与其他企业之间的市场交易，由此产生该企业与其他企业交往的交易成本，它主要包括信息获取成本、谈判成本、关系合同成本、诉讼成本；三是政府对企业管理的交易，它产生企业与政府部门交往的交易成本，主要包括代理成本、执行合同成本、监督成本等。

在企业生产运行中，所发生的有效交易成本，对企业的生产运营起到了润滑剂的作用，给企业带来效益；而由于制度欠缺、互不信任、欺诈、扯皮等因素产生的交易成本，则属于无效的交易成本，对经济运行起到阻碍和摩擦力的作用。交易成本虽然难以测量，但可以通过间接的方式来断定和比较。交易效率就可以用来间接地衡量交易成本。交易效率就是单位时间内完成的交易量的大小。交易效率越高单位交易成本越小，交易效率越低单位交易成本越高，二者成反比关系。单位交易成本就是在单位时间里或者一次交易行为所发生的交易量。交易成本也可以通过企业交易人员的费用及企业与政府部门、与其他企业打交道时的时间和资金费用来衡量。

第二节　企业无效交易成本发生严重

随着经济规模的扩大和市场领域的扩展，人与人之间、各经济单位之间关系越来越密切，处理这些关系所产生的交易成本也越来越多，其中因为市场经济制度不完善、法制不健全、政府寻租行为，无效交易成本发生严重。

近年来，我国因合同欺诈、逃废债务、价格陷阱、偷税漏税、走私骗汇、虚假报表、黑幕交易、伪装上市、地方保护等行为给企业造成的各种损失大约 2000 亿元。我国市场交易中因信用缺失、经济秩序缺少法制造成的无效交易成本已占我国 GDP 的 10%—20%，直接和间接经济损失每年高达 5855 亿元，相当于中国年财政收入的 37%，国民生产总值每年因此至少减少 2%。目前，银行告企业欠账胜诉率在 95% 以上，执行率却只有 15%。三角债也非常严重，目前，全国约有 1.5 万亿元，很多企业被迫采用现款支付，因此增加的财务费每年有 2000 亿元左右，银行由于逃废债承受的直接损失每年约 1800 亿元。

腐败成本是企业无效交易成本的组成部分。胡鞍钢根据政府部门公布的查处情况，指出不同政府机构或公共机构任意滥用本系统的公共权力，谋取私利，形成的经济损失，仅 1999—2001 年，平均每年就占 GDP 的 14.5%。以 1998 年为例，官员贪污、贿赂、挪用公款 20 亿元；走私 800 亿元；垄断行业，电力 50 亿元、医药 100 亿元；税收流失 100 亿元；公共支出腐败损失 1000 亿元，包括财政、金融、粮食和垄断行业；公共投资中腐败损失 60 亿元；国有企业私有化，逃废银行贷款本息 600 亿元；公共机构乱收费 100 亿元；金融诈骗 100 亿元，总计 3000 亿元。这只是查处出来的部分，如果查处率是 30%，那么实际腐败金额就是 1 万亿元。1998—2005 年 8 年，共 8 万亿元。

如果把个人实际控制、在公家名义下报销的奢侈性消费也计入，估计 1998 年的灰色收入，地下交易大约 5000 亿元，其中用公款报销者约 3000 亿元，10 年就是 4 万亿元。1998 年在《中国改革报》刊发的署名为恒德写的"权力资本化"一文，估计了改革开放 20 年来"以权变钱"的数量，包括农业资本、商业资本（内外贸提成）、生产资料双轨制、汇率双轨制、股票上市和司法腐败等，大约 30 万亿元。1998 年以后腐败升级，加入了国有企业改革和房地产两大项，7年以来应该不低于 15 万亿元。

2005 年中国 GDP 总量是 17 万亿元，经济增长部分是 1.6 万亿元。腐败资金规模，按照 GDP 的 20% 计算，大约有 34000 亿元，为当年经济增长部分的两倍。积累起来的腐败资金总量 60 万亿元，扣除外逃的

4000 亿美元，即 34000 亿元人民币，再扣除已经消费掉的部分，假设为 1/5，剩下 35 万亿元左右，以存款、股票、房地产、企业持股和黄金珠宝等形式存放于国内。我国居民存款是 14 万亿元，上市公司股票总市值才 2 万多亿元，假设其中有一半是腐败资金，8 万亿元为黄金珠宝，剩下 20 万亿元在房地产和企业股份当中，也是惊人的数字。这些腐败资金，逃避外汇管制，大约每年向境外转移 300 多亿美元，10 年就是 4000 亿美元。这就是所谓资本外逃。外逃指违法违规向境外转移非法所得，包括走私、贩毒、洗钱、逃骗税、逃骗汇，2000 年国家查处的数额为 300 亿美元。可以说，由于外汇管制的存在，90% 的腐败资金还没有逃出去。而逃出去的腐败资金，又有一部分以外资身份流回国内，这就是洗钱以后的再投资，这就是国内腐败资金和国际投机资本的融合与总循环、国内腐败资金和国际投机资本的置换与融合。值得注意的是，进入中国的外资，有一部分是国内腐败资金流出以后的再流入。流出洗钱是为了安全，再流入则是看好中国经济发展和对外资的优惠政策。这就造成了中国资本流动的一大特点：国内腐败资本与国际投机资本之间连续性的"置换与融合"。

从国有企业的角度来看。由于国有企业的经营环境及企业管理制度的缺失，自 2008 年以来，民企的资产回报率已大幅升至 11%，而国企资产回报率有所下降，近年徘徊于 5% 上下，如图 7.1 所示。2001 年，我国国有企业的资产周转率为 0.28 次/年。资产运行效率低，一方面，可能反映出企业对物的管理的失效；但另一方面，对国有企业更能反映出人与人之间、部门与部门之间、与其他企业之间及上级主管部门之间管理和协调的制度失效。2001 年，我国独立核算的国有工业企业的资金利润率、资金利税率和产值利税率分别从 1978 年的 15.50%、24.2%、24.9% 下降到 1.0%、6.5%、10.0%。2001 年我国国有企业的投资回报率仅为 6.1%。国有企业的收入利润率为 5.38%，低于民营企业的 5.79%；资产利润率为 1.5%，低于民营企业的 3.14%；人均利润率水平为 5.27 万元，也低于民营企业的 7.86 万元。国家审计署对 1290 家国有控股企业的会计报表进行过分析，发现 68% 的企业财务报表存在严重不实，违纪金额超过 1000 亿元。国有企业管理层的职务消费、监督管理等交易成本要远远高于私人企业。

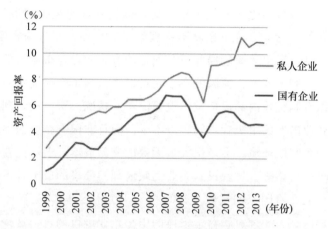

图 7.1　国有和私人企业的资产回报率

资料来源：Catherineduan，Return on Assets for Private and State Firms have Wid Ened，2014.1，新浪网（http：//finance. sina. com. cn/stock/usstock/c/20140811/171219975842. shtml）。

我国 20 多年的市场化过程所取得的经济上的巨大成功说明制度的渐进式的变革不断地降低交易成本。看来，这个过程还远没有结束，因为大量的不必要的交易成本还存在，需要不断的制度创新和制度安排来降低交易成本。例如，和国外的企业相比，我国的国有企业有着"从微观上看无效率、从宏观上看有效率"的"国有企业的效率悖论"，即利用财务业绩、生产率（包括全要素生产率和实际可变成本）以及储蓄—投资赤字来衡量国有企业改革的成效时发现，在财务业绩、储蓄—投资赤字和宏观经济效率不断恶化的同时，国有企业的全要素生产率却在不断提高。出现这一现象的一个最重要的原因是所有权国有的条件下，交易成本的大量增加。由于非私有产权的选择，使管理层的职务消费、监督管理等交易成本要远远高于私有企业。当然，个别具有高尚的管理者的国有企业，交易成本可以很低，但这只是个别现象，不具有统计上的意义。因此，在生产率不断提高的条件下，却出现其他微观指标的不断恶化。但同时，杨小凯和张五常都认为：当交易成本为零时，所有权结构对效率没有影响，而当交易成本为正时，所有权结构可能对效率有影响，但市场竞争会选择最优所有权结构将内生交易成本最小化，以达到资源配置的最佳状态。私营企业的交易成本较小也就不难理解了。另外，在市场容量有限、国有资产难以退出的尴尬局面下，加强国有企业参与企业间的市场竞争是有益的制度安排，原因就在于它可以降低内生交易成本。

非国有制企业内部机构虽然设置简单、精练，责、权、利挂钩紧密，但企业内部的组织管理问题也不少。而且非国有企业面临的外在信用缺失等制度环境，会产生大量无效的交易成本。浙江民营企业协会曾做过一个调查，发现民营企业到政府部门办事的成本差不多相当于民营企业交给国家的税收。2004 年，北京社会科学院管理研究所对北京地区，主要针对私营、集体的中小企业进行调查，这些企业每年平均要从总收入中拿出 5%，用于与政府打交道所需的成本开支。所有的企业都认为这些费用中存在很多不合理支出。85.29% 的企业回答其中不合理支出占 30% 以上，14.7% 的企业回答此项支出中不合理部分占到总支出的 50% 以上。企业认为与政府打交道的时间成本过高的企业比率为 65.57%，说明企业认为在处理与政府行政有关的事务时，花费的时间太多。时间成本是交易成本的一个组成部分，它构成了企业无效的交易成本的主要部分。注册难、更名难、年检难，行政审批手续烦琐、效率低，困扰着企业，各种证件包括消防证、公共卫生证、环保等一些行政审批手续烦琐，过程漫长，是难啃的"硬骨头"，一个执照下来，有的需要上百个戳，备齐工商注册资料，至少要和卫生、质检、食药监、公安、税务等七八个部门打交道，部门越多，审批项目越多，企业的交易成本越高，负担越重。

第三节　企业产生无效交易成本的原因分析

一　市场交易以关系为基础

从市场交易的性质来看，我国的市场交易很多是建立在关系经济基础上的,与发达国家建立在契约经济基础上的市场经济相比还有相当大的差距。中国的"关系"文化,就像穿透了柏油路面、水泥广场而蔓生的野草一样,经受住了工业化、都市化和市场化的冲击,顽强地生存下来、蔓延开去,甚至在这种博弈过程中腐蚀、扭曲、改造了市场化进程。关系经济的主要特点是信息的隐蔽性,导致做生意、从事贸易都尽量找亲戚、朋友、熟人等各种关系。交易双方所依赖的关系是他们专用的。为了保护这种专用性,交易双方都会尽量地把他们的关系信息隐蔽起来,不被竞争者所利用。寻找、建立、排他、维持这种关系的制度就包含了高昂的无效交易成本。

二 社会信用制度缺失

我国企业信用制度建立起步较晚,信用管理制度薄弱。信用缺失就会导致相互拖欠款项,而追还欠款要花费代价,打经济纠纷官司也要付出金钱,查处假冒伪劣商品也需要花费时间和资金。在最近几次全国商品交易会上,很多国内企业宁愿放弃大量订单和客户,也不愿意以客户提出的信用结算方式进行。使交易方式向现金交易、以货易货等原始方式退化,电子商务等高级交易方式的发展举步维艰,影响现代市场经济的进程。而在欧美国家中,企业间的信用支付方式已占到80%以上,纯粹的现金交易方式已越来越少。信用短缺或信用危机已经成为制约我国经济发展的"瓶颈"。

三 市场经济法制不健全

西方的市场经济经历了一个由自由主义向国家调控的转变过程。在自由主义时期,承认并肯定人的逐利性,鼓励人对正当性利益的追求。但因为个人私欲的膨胀,威胁了整个经济体系,于是国家开始利用法律制度调控经济领域约束个人私欲,但整个市场经济法制理念中仍然是以自由主义为重要支点。自由主义不可避免地带有浓厚的自私性,通过爱己而利己,至于利人不做要求。我国正处于制度转轨时期,还没有形成完全的法治经济,无法可依、有法不依的现象仍然存在。法制不健全,对各种经济犯罪防范严惩力度不够,纵容了某些企业在与其他企业往来中的违约、欺诈行为，加大了企业的额外费用。从全社会范围来讲，这些增加的成本都是无效的交易成本。

四 政府寻租行为时有发生

由于政府在制度设置、政策制定等方面处于主导地位，有时便利用行政权力在特许经营、关税优惠、进出口配额和政府采购等方面人为创造垄断。市场中的经济主体必然求助于政府及其内部成员，以合法或非法的手段转让部分租金索取权为代价换取政府的支持，从而获得超额利润，迫使企业更多地支出寻求交易对象、获取信息、争取合同的费用。同时政府在烦琐的市场资格审查、审批、登记、收费等方面也耗费了企业大量的时间和财富。

五 国有企业处于产权制度改革阶段

国有企业产生的无效交易成本主要是产权不清晰和正处于制度改革阶段的非常时期导致的。实际上，国有企业的所有权与经营权相分离是很显然的，必须很好地设计企业的委托代理制度，才能发挥国有企业应有的作用。从激励机制和约束机制来看，我们的国有企业存在较为严重的问题。经营者个人收入达不到激励的效果，"58 岁""59 岁"现象就是明显的例证。学术界通过大量的实证研究也证实了这一点。另外，经营者职位消费不明确。由于我国长期实行计划经济，人们的思维观念还没有跟上市场经济的步伐，对经营者的在职消费还存在一些不正确的看法。实际上在两权分离和制度不完备的情况下，不能阻止经营者的在职消费。由于对经营者的在职消费没有正确的态度，因此，经营者的职位消费就不能产生激励效果。我国国有企业的经营者通过行政任命，没有明确的契约约束，定期的审计也才刚刚实行。首先，在国有股一股独大的情况下，企业的治理结构存在很多问题，很难保证能产生良好的经营决策制度、财务制度等企业内部制度。其次，我国的资本市场才十几年的历程，还很不发达，接管市场、债权市场等很难形成对经营者的约束。经理人市场也还有待于发展，职业经理人很少，经理人市场还没有形成，也就是说企业的外部约束机制还很欠缺。因此，我们必须充分认识我国国有企业的委托代理问题，按照市场经济的要求，设计委托代理制度，发挥它的激励和约束功能，加速我国和谐社会的建设。由于国有企业的管理者对资源的使用和转让以及最后成果的分配都不具有充分的权利与完全的责任，所以对经济绩效和监督其他成员的动力减低。国企往往设置臃肿的行政管理机构，拥有过多的行政人员。这样，一方面增加了大笔的交易人员费用；另一方面信息链的加长，使信息上传下达不通畅，增加了信息成本。在处理外部关系时，甩"大盘子"，住昂贵宾馆，用公司的钱游山玩水成为常理。所以，国家在国有资产上的各种权利得不到切实有效的保护，就导致了"分唐僧肉"和"搭便车"等行为盛行，造成了高的无效交易成本和低效率运营。

六　非国有企业居于非规范的职业化管理模式中

因为直接从发达国家移植过来，我国"三资"企业内部的制度设置相对科学合理，所以这里主要阐述私营企业的问题。当前，我国家族企业管理人员的来源渠道已经日趋多元化。有关资料表明，家族企业在总经理的选择上，由非家族成员担任已占54%，副总经理这一职位从外部社会招聘已经达到了29.33%，相应的家族内部成员担任这一职位的比例则下降到了35.28%。至于其他的一些下属管理岗位，比如负责财务、采购、销售、仓管的经理人员，从外部招聘的比例均已超过了家族内部成员担任的比例。但企业内部还没有形成现代企业制度的现状必然和现代化的市场经济产生摩擦，造成交易成本。由于"信息不对称"和"道德风险"的存在，加上我国还没有完善的关于规范职业经理人行为的法律制度，虽然企业主与各层管理者事前已签合约，但却缺乏强有力且有效的法律来执行"违约"的惩罚。如果企业主通过法律来界定职业经理人违约的成本得不到应有的补偿，甚至很有可能导致更多不必要的费用产生，那么企业主就不愿意诉诸于法律，只能承担这些无效的交易成本。

第四节 建立契约经济制度

企业在生产运营中要想降低无效交易成本，提高交易效率和经济效率，需要社会、政府和企业共同努力。建立以契约经济为基础，以法治为本的市场交易制度是降低无效交易成本的重要前提。

一 削弱关系网的动力机制

关系网成为各种不正之风的载体，当关系网一旦与资本、权力结合起来，其破坏作用就不断增长。近些年，增长比较快的商业贿赂、官员受贿腐败等犯罪现象，都是以关系网为载体的。关系网亚文化已经形成，成为干扰我们建立法治社会的重要阻力。中国要建立法治社会，除了要经受权力对规则的冲击，金钱对规则的冲击，还要经受人情关系对规则的冲击。要解开缠人的关系网，从客观物质基础上消灭关系网产生的根本条件，削弱人们为谋求紧缺资源而去钻营的动机是增强管理活动的透明度。抑制关系网需要健全、完善监督制度，如各种严格的审批制度、权力分解制衡制度、亲属回避制度、干部流动制度、惩戒制度等。关系网是把正式组织关系化为私人关系而在隐蔽场合进行的交换活动，它最怕暴露在公开场合。防止关系网，就要把日常的管理活动公开化，实行办事公开制度。尽量让组织内外部成员了解资源分配的计划、标准、程序等，便于大家监督。让掌握资源与权力的人成为"玻璃缸里的鱼"，管理透明度越高，越能有效地抑制关系网形成。要提高各级把关人员的素质，牢固树立为人民服务的意识、公平公正的理念、秉公办事的原则、廉洁奉公的职业道德，让公共权力与职业权力为公众服务。

二 加大对法律基础及各项制度设施的固定成本投入

在不同的法律制度和法律规范下，交易成本的高低是不同的。以侵权行为归责制度为例，是采用民事赔偿的办法处理，还是采用政府管制和发布禁令的办法处理，其成本大小是不同的。法院庭审程序，采用抗辩制还是纠问制，其成本支出也是不同的。在法律体系层面，存在公法与私法、民商法与经济法、国内法与世界法、成文法与民间法、中央法与地方法等不同的交易成本选择；在法律制度（如有限责任制度、公司登记制度等）层面，也存在不同的交易成本；在法律规范层面，构成性规范与调整性规范、奖励性规范与惩罚性规范、任意性规范与强行性规范等实际上就是对不同成本支付（或承担）方式的选择。一般来说，人们总是自觉地倾向于选择适用和遵守使交易成本最小化的法律。然而与此相关的问题是，不同的法律安排所节约的交易成本在量上不易计算和比较，难以科学把握，立法很难不出现失误，从而造成法律资源浪费。而要想增加执法和守法消费量，增加法律消费，就必须降低法律供给的单位价格和守法交易难度，进而扩大法律的适用范围并实现立法的预期效果。一般来说，市场方法（自主决策、自由交换）比政府权威规制更趋近于零交易成本，"私法自治"比"强制执行"更便于公众消费。某项法律安排使人们的成本付出与其应得的权利收益越吻合，人们守法的积极性相应就越高。为此我们就要从当前社会物质生活条件的实际出发，以资源的优化配置为中心，不断地按照交易成本最低原则，恰当配置法律权利、调整社会关系结构、变革实施程序，进而推动法制改革并提高法律运行效率。要使我国成为以法治为本的社会，必须加大对法律基础及各项制度设施的固定成本投入以减少合约的边际成本。这里的固定成本是指为了维持社会经济关系所需要的各种"基础"投资，如法官、律师、会计、审计及各种中介机构等。边际成本就是增加一笔生意的额外成本。在支付这些公共的固定成本之后，法治社会所实施的每一单个合约的边际成本是很低的，因为近乎标准化的合约很容易在这些法律制度下实施。这样，人们没有必要为每笔生意去耗费时间、精力和金钱去找关系，只要讲信用、守合同就行。

三 完善信用制度基本法和相关配套法规

市场经济是法制经济，也是信用经济。良好的诚信制度是市场经济平稳运行的根本保障。但现实的企业经营活动中，诚信制度的缺失，一些企业在经营活动中缺乏诚信，严重干扰了正常的市场经济秩序，成为企业发展必须面对的严峻挑战。实际经营中缺乏诚信，制售假冒伪劣产品、合同欺诈、拖欠货款、恶意逃避债务等问题，这一切都归结于诚信制度的缺乏。诚信危机的历史根源是我国原有体制下企业产权不够明晰，产权制度建设滞后。由此，产生了一些不道德竞争等违反诚信原则的企业行为。明确的产权制度是最好的利益激励机制，它为企业提供一个追求长期利益稳定的理性激励。我国缺乏健全的诚信制度体系。目前，企业对诚信制度没有真正做到充分认识，只能依靠企业自律意识规范经营行为。但是，很难达到形成统一诚信体系的要求。信用制度建设方面的立法滞后，对失信行为的约束惩治机制不健全。目前，我国诚信制度立法及有关法律在对失信行为的监管方面还存在制度漏洞，惩治不够严厉。在执法中对违反诚信制度的企业存在以罚代法、执法不严、违法不究等现象。这些行为产生的后果，势必造成更严重的企业失信行为。由此，企业诚信的问题在我国市场经济建设中已经开始暴露出来，解决问题的前提和关键在于建立诚信制度。只有依靠诚信制度监管企业经营行为，才能建立市场经济发展所必需的诚信。当企业诚信制度缺失升级为诚信危机时，就会使企业交易成本大大增加，缩小交易范围，使企业作为市场主体难以正常地沟通和交往，造成企业无法正常运行，导致最终受害的是企业自己的利益。显然，诚信制度的建立对企业的生存发展是十分重要的。企业诚信缺失的根源在于制度的缺陷，完善企业信用应以企业诚信制度的建设为突破口，建立健全诚信制度，包括培育诚信理念，健全监管机制，完善信息披露制度，加快建设信用评级制度，推行违信惩罚制度，等等。通过诚信制度建立约束企业经营行为，树立企业良好的诚信形象，保证企业持续、健康发展。通过诚信制度的建立使企业做到诚信经营，能减少企业的交易成本，加快企业的反应速度，增强企业的应变能力，提高企业的社会认知度。我国只有建立健全信用制度，使交易者遵守契约，按合同办事，才能保证经济的顺畅运行。所以要增强全民的信用意识，建立和完善信用制度基本法和相关配套法规，比如《征信法》《信用管理条例》等；成立信用评估机构，规定对个人、企业和其他社会行为主体的信用信息进行公开评价的具体办法，由政府建立全国的"信用征信标准"，设计科学合理的企业和个人的资信评估指标；加强信用的监督和管理，建立有效的监管体系和对评估结果的复审及失信惩罚机制，加大企业和个人的失信成本。

四　形成规范的委托代理制度和制衡机制

无论国有还是非国有的现代企业制度建设的本质应该是委托代理制度和制衡机制。从一般意义上说，委托代理是指代理人根据委托人的委托，在委托人的授权范围内，以委托人的名义进行相应的活动。在委托代理关系中，将对他方的行为承担一定的风险而获得监督他方的权利的一方称为委托方；而代理方（受托方）则是指不一定非为自己行为负责的一方。在现代企业制度中，所有者就是委托方，而经营者则是代理方。委托代理制度必然会产生代理问题，代理问题是指由于代理人的目标函数与委托人的目标函数不一致，加上存在不确定性和信息不对称，代理人有可能偏离委托人的目标函数而委托人难以观察和监督，从而出现代理人损害委托人利益的现象。在现代企业中，由于代理问题的存在，必须设计一套机制，协调委托人和代理人的目标函数，使代理人在追求个人财富最大化的同时实现委托人的预期效用的最大化，这就是委托代理制度。这些制度既包括激励机制，又包括约束机制。激励机制是使代理人的目标函数与委托人的目标函数趋于一致，即让代理人在实现企业委托人的目标函数的同时，能够合法地实现自己的目标函数。给予经营者部分剩余索取权，使之合法地获得与其才能和业绩成正比的个人收入。例如，将经营者的货币收入和企业的利润挂钩或与企业股票的市场价格挂钩，实行年薪制或股权分配制。其中，年薪制由基薪和奖金构成，基薪是根据经营者以往的业绩、职务平均水平确定的，以满足经营者的正常消费需要；奖金则是根据既定的经营指标的完成情况来加以确定的，这些指标可以是资本利润率、年销售利润率，也可以是资产增值率等。股份分配制是将企业的部分股份让渡给经营者，使经营者和股东一样，从企业的剩余和股东权益的增加中获得长期的收益。从激励角度看，两者的性质是一样的，即让经营者分享一部分企业利润，以提高他们追求非货币收入（如在职消费）的机会成本，从而使其目标与委托人的目标趋于一致。企业可以根据情况设置不同的职位消费，如在活动经费、办公环境、专车配置、住房补贴等方面，根据不同的职位设置不同的标准，使之成为经营者在职期间的合法消费。这样不仅可以增加经营者在职消费的透明度，而且也是对经营者的经营才能和人力资本的一种肯定。约束机制是通过有效的监督，降低代理人的机会主义倾向和偷懒行为。约束机制分为内部约束和外部约束两个方面：内部约束包括契约的设定、定期的审计制度、企业内部制度等；外部约束主要是指市场约束，如经理人市场、资本市场和产品市场等。虽然我国已有关于董事会、监事会的议事规则以及关于股东事务的行使等制度，但这些制度可操作性不强，也不能完全覆盖现代企业制度推进过程中的多方面要求。应该在制度建设时本着"急用先行"与"可操作"的原则，在建设专职董事会、监事会、各个专业委员会、董秘队伍方面，打开视野，多元化、多角度地思考，减少各项制度运行的摩擦成本。针对当前企业经理人才市场尚未建立的现状，应考虑用法律的形式和程序将用人标准规范化。产权最基础的作用就是降低交易成本。针对国有企业产权不明晰的现状，要真正落实《国有资产法》，以法律的形式规范国有资产的营运、管理和监督，从而降低交易过程中的交易成本。

五　采用网上审批管理，提高政府服务效率

规范政府，将行政权系统纳入法治的轨道是建立市场经济重要方面。市场经济是平等的所有者交换产权的一种关系，法治的作用只能是保障自主交易活动在有序的条件下进行，而不是政府过多过滥地用法律手段去干预一切企业的经济活动。因此，必须将政府行为纳入法治框架。首先，必须高度重视政府决策的法治化，建立一个良好的区域经济规划、决策的法治机制，并辅以法律责任制度，依法规范政府的行为，保证政府决策、规划的科学化、民主化、规范化，避免主观性、随意性和"长官意志"。其次，积极推进政府管理体制改革。按照市场经济的内在要求转变政府职能，限定政府行政权可以介入和干预的企业，明确行政干预的程序和方式，并使之成为法律。进一步改革行政审批制度，抓紧清理行政审批行为，大力减少行政审批，特别是对经济事务的行政审批手续。最后，进一步规范办事程序，减少行政成本，提高行政效率，保证政府行为的公正性、公平性和公开性，坚决纠正和防止政府行政执法过程中的地方保护主义与部门保护主义，切实为企业的发展创造良好的法治环境。政府必须从无所不为的万能政府转变成有所必为的有限政府，从热衷于"管、审、批"的干预型政府转变成"扶、帮、助"的服务型政府；把工作内容最终集中到规划、经济调节、市场监管、区域协调、社会管理和公共服务等方面上来；从不受约束的自由政府转变成依法行政的法治政府；完善监管规则，强化执行机制；完善服务体系，营造良好的发展环境等手段，大力提升行政服务效率；为了降低企业与政府的交易成本，应加强网上审批的许可证信息和日常管理信息，建设企业基础信息管理系统，实现各部门信息资源的共享与交换。

六 强化交易成本意识和预算控制制度

以往企业交易成本意识淡薄，对交易过程中发生的交易成本往往控制不够。如果企业要减少无效的交易成本，必须在建立现代企业制度的基础上，在采购和销售两个成本责任中心有效地控制交易成本，采购、销售及行政管理部门分列专门项目，加强预算、核算和控制。按产品或材料种类、订单、顾客、地区等计算交易成本，对折旧费、办公费、工作人员工资等共同费用按业务量等进行分摊，计入有关成本对象。对每一笔发生的交易成本与其业务收益额等进行比较分析，获取更为有价值的会计资料。与客户建立长期契约关系，搞好联合经营，改善交易条件，也是降低交易成本的有效途径。

第八章　结论、问题与展望

第一节　理论的推进与测量的突破

交易成本（transaction cost）理论研究经过多年的发展，被运用于诸多领域的探讨，使许多问题得到了新的解释和深入；交易成本的经验研究现已逐步展开，并取得了丰硕成果，巴黎第一大学市场与组织理论研究中心经济学教授克洛德·梅纳尔（Claude Mernard）指出，"围绕着各种交易及其成本，新制度经济学的一系列紧密相连的概念得到了精心阐述，并且，相关的经验检验与应用研究以一种经济学上少有的速度急剧增加"[1]。但我国相关经验研究却远远落在其他国家的后面。在大量翻阅国内外交易成本理论和经验文献的基础上，对国外的近来最前沿的交易成本理论及测量方法进行研究分析和研究发现，在交易成本内涵及特征、衡量指标、数据来源、方法工具等问题上，国内外学界并没有达到相对共识，探索和争论仍在继续。虽面临种种障碍，但量化交易成本是新制度经济学绕不过去的火焰山，必须进一步完善和发展。鉴于这一研究领域在我国仍处于探讨起步阶段，笔者拟对国民经济的交易成本测量方法进行系统深入的研究、概括及进行理论分析和一般性评价，并对其未来的发展提出自己的观点。

---

[1]　［美］克洛德·梅纳尔：《制度经济学的方法论》，载吴敬琏《比较》第 19 期，中信出版社 2005 年版，第 143 页。

　　18 世纪，斯密（1776）在《国民财富》中就强调了制度包括产权、政治稳定性和自由市场在经济运行中的重要作用。经济学家们早就观察到交易成本的作用，认为货币在本质上是便利交易的工具，充当货币的商品，也是朝着便利交易的方向演进的①；交易过程中的损耗是不可避免的，交易各方总需要克服摩擦，商业范围的扩张和商业设施的发展，使摩擦在减少②；商人的专门业务从产业资本家的活动中分离出来，尽管节约了用于商品买卖的资本，商人如同一架能减少阻力的无益消耗的机器，还是会产生流通费用的③。用现在的眼光来看，先哲们诸如此类的论述已与交易成本建立了某种联系。但学术界一般公认科斯是第一个使用交易成本分析方法的人。在新古典经济学中，价格机制是如此完美，它将社会组成高效运行的有机体。在这个有机体中任何混乱都不会出现，或者更准确地说，混乱一旦出现，价格机制通过市场可以自动、迅速、无成本地把混乱状态调整到应有的秩序。这个理念在新古典经济学的教科书里安然自得地存在了相当长的时间，20 世纪 30 年代科斯的发难才使局面开始发生细微的变化。30 年代科斯发表的《企业的性质》和 70 年代的《社会成本》，使交易成本经济学诞生并活跃起来。科斯在其论文《企业的性质》中，提出"市场的运行是有成本的，通过形成一个组织，并允许某个权威来支配资源，就能节约某些市场运行成本"。需要在市场上进行的一系列契约被内化为一组契约所替代，这时企业就产生了，企业的本质就是市场的替代。此后经济学家越来越认识到，来自专业化和劳动分工的利益并非是"免费的午餐"，是要付出成本的（诺思和威利斯，1988）。几十年来，在交易成本这个问题上，已经积累了大量的文献，这些文献的流传数量已经证明了现今对交易成本重要性的认识。交易成本经济学已被应用到劳动经济学、工业组织、法律、博弈

---

　　① 参见［英］亚当·斯密《国民财富的性质和原因的研究》上卷，郭大力等译，商务印书馆 1972 年版，第 20—25 页。

　　② 参见［法］奥古斯丹·古诺《财富理论的数学原理得到研究》，陈尚霖译，商务印书馆 1994 年版，第 22—23 页。

　　③ 参见［德］马克思《资本论》第 2 卷，人民出版社 1975 年版，第 148 页。

论和公共选择等各个方面的研究，甚至被引入政治学的分析中，如美国经济学家阿维纳什·K.迪克西特认为，类似的或更为重要的交易成本广泛存在于政治关系之中，并提出"交易成本政治学"的分析框架。科斯提出"交易费用"概念后，经过阿尔钦、德莫塞茨、威廉姆森、诺思等人的创造性发展，开创了一门崭新的经济学流派——新制度经济学。交易费用概念广泛、深入地渗透各种经济分析之中，对包括中国在内的世界各国经济理论产生了巨大的影响，导致许多新的经济学流派的产生，如现代产权学派、新经济史、现代产业组织、法律经济分析等。科斯和诺思因此先后获得 1991 年和 1993 年诺贝尔经济学奖。

但值得注意的是，长期以来，大部分的这些讨论主要是将交易成本作为一种启发式的分析工具。相对而言，很少有人能给出一个经验性的准确定义，或者进行一项严谨的度量计划。规范研究和理论实证比较少，经验性及比较性估计缺乏。亚历山德拉·贝纳姆和李·贝纳姆说："交易成本是一个经济体系中最重要的价格集合。"然而它们有多大？在不同的环境（setting）和时间之间它们的差异有多大？关于它们的大小和差异的经验性估计非常少①，因为收集现实数据的困难，许多学者对交易成本的经验实证持悲观的态度，认为尽管能够从逻辑上推断交易费用的存在，但其中的许多方面难以用货币表示，因而要准确计量交易费用几乎是不可能的。S. 费舍尔（S. Fische, 1977）说："交易成本这一理论工具名声不佳并非偶然——（其部分）原因在于，有理由相信几乎所有问题都能用恰当列出的交易成本加以合理解释。"H. 西蒙（H. Simon, 1991）认为交易成本被随意地用于分析，除了内省和常识缺乏实证支持外，纯粹是用漫不经心的方式引入研究中来的，在（必须用来估计大量的参数并对理论提供实证上的检验的实证方法）产生以前，不仅没有自我检查与一般常识方面的意识，也没有实证的支持——新制度经济学以及相关的方法

①　参见［美］亚历山德拉·贝纳姆、李·贝纳姆《交换成本的测量》，载罗纳德·科斯等《制度、契约与组织》，刘刚等译，经济科学出版社 2003 年版，第 429 页。

只是一种信念，或者是一种虔诚①。

因此，人们之所以对交易成本的经验研究望而却步是有其原因的。

一 交易成本测量面临的困难

1. 目前理论研究的程度对测量的局限

交易成本理论虽有长足的发展，但还不能满足经验估计的需要。首先就是缺少可操作的一般的交易成本定义。"交易成本"概念的众多歧义和混乱导致新制度经济学的研究者在研究交易费用问题与其他制度经济学问题时，对交易成本的理解各取所需，难以统一。概念的混乱造成了交易费用计量问题的混乱，严重阻碍了交易费用计量的研究。正如威廉姆森所指出的，对交易成本测算时的主要难题在于难以对交易成本本身进行清楚的界定，这就决定了难以建立一个较为准确、清晰的指标体系来综合评价、测量交易成本。

2. 收集现实数据的困难

获得检验所需要的数据来源是一大问题。经济数据主要侧重于价格和数量，但计量交易费用既需要组织形式的数据，又需要有关交易性质的具体信息，尽管实地调查是交易费用经济学研究最常见的数据来源，或者部分数据可以通过公共信息或档案信息得到，但补充及整理这些数据仍然是一项艰苦的工作。而且只有当数据与反映交易特性的变量相匹配时才是有用的。在大多数情况下，研究者不得不自己着手建立数据库，而且也是相当困难的。

3. 计量方法上的难度

设计度量方法，是交易费用统计分析及其假设检验面临的一大挑战。在有关交易费用的研究中，最常见的计量问题是同时性（Simultaneity）和样本选择偏差，影响组织选择与设计的许多变量往往本身就是内生变量。由于样本不具备代表性而产生的样本选择问题，使有

---

① 参见［美］斯考特·E. 马斯顿《交易成本经济学的实证研究：挑战、进展与发展方向》，载约翰·克劳奈维根编《交易成本经济学及其超越》，朱舟、黄瑞虹译，上海财经大学出版社 2002 年版，第 61 页。

关交易成本的实证研究的质量和严密性大打折扣，当涉及制度的关系细节时问题就更为严重。

4. 转型成本（transformation cost）与交易成本被联合决定

组织生产的制度结构同时决定着转型成本和交易成本，生产的技术条件也是既决定转型成本又同时影响交易成本，转型成本和交易成本被联合决定着，这导致对交易成本的单独估计非常困难。交易成本经济学最主要的目的就是弄清交易基本特征变化如何影响不同的组织安排，进而影响经济体中的生产活动。而经济理论也表明，低的交易成本意味着更高的专业化和更高的生产率；另外，更低的生产成本也会提高生产率进而降低交易成本。

5. 如果交易成本非常高，许多交易可能根本就不会发生

即使某种特定种类的交易会发生，它也不可能出现在采用货币价格的开放市场中。结果，在所有潜在的交易中，仅仅有一个很小的子集将真正发生，并且只有这个子集中的一部分将出现在市场上。为了搞清楚为什么某种特殊交易会被某个人采用，这就要求获得关于其他选择的机会成本的知识。而为了理解这些选择的形成，我们有必要对那些并没有发生的交易的费用进行估算。这显然是非常困难的。

6. 交易成本本身的复杂特性

交易成本在很大程度上与制度、政府政策甚至文化习俗等方面存在内在的关联，而这些因素很难量化，因此阻碍了经济学家对交易成本的直接测量。在一个给定的社会中，个体和团体可能面对非常不同的交易成本。在其他情况相同的条件下，某个人或团体的政治关系、种族以及其他特点也将影响特殊交易的机会成本，而这些差异对于外部人来说很少是透明的。交易成本相互交织，要把一种交易成本与另一种交易成本区分开来也是困难的。

7. 由于事件的概率性及不确定性的存在，准确的计量只有在事后才能进行

对于任意一项经济活动，人们只能在事前根据不完备的知识和经验对交易成本的种类与数量进行估计，准确的计量只有在事后才能进行。由于人们难以在事前就对生产的制度结构和生产的技术条件的各

种可能的搭配进行详细的比较，交易的机会成本将变得令人难以捉摸。

这些原因是准确地评估交易成本大小所面临的历史现实难题。

虽然交易成本的测量有诸多困难、许多障碍、争议颇多，但交易成本理论创立后，对交易成本进行经验研究已成为一个亟须解决的现实必要问题。交易成本的经验性实证极具理论和现实意义。

二 交易成本测量是绕不过去的火焰山

作为一个概念，只有当其能被证伪和可测量时，才具有科学的意义。交易成本作为一个基本经济概念，也要求其能被应用于实证研究。交易成本测量是新制度经济学巩固和发展的基础与前提，对更科学地衡量组织制度的经济效率等方面有重要意义，是新制度经济学家绕不过去的火焰山。

1. 因为成本收益估算历来是经济学研究的基本问题，对交易成本的估算也不例外

在经济社会中，资源是相对稀缺的，人们为了获得一定的资源必须支付一笔费用。因此，资源的合理配置和有效利用必须作为基本原则，通过努力降低成本，以实现利润最大化。可以这样说，凡是与人类经济活动有关的问题，都涉及成本收益的比较。斯蒂格利茨在其《经济学》第二章提出了一个经济学的基本竞争模型，并假设人具有理性，理性的选择步骤包括：明确机会集合、确定替换、正确计算成本。并提出："虽然理性的选择涉及对成本和效益的仔细权衡，经济学家却总是用更多的时间来研究成本而非效益，这在很大程度上是因为个人和厂商往往把每种供选择的效益看得比较清楚，而往往在成本的估算上犯错误。"① 企业的整个生产过程，既是物资消耗和资金消耗的统一，又是生产成本和交易成本的统一。任何一个企业，在生产过程中总是千方百计地采用新技术、运用先进的管理方法，力争将生产成本降到最低限度，因此对生产成本问题的研究，从古典经济学家

---

① ［美］斯蒂格利茨：《经济学》，中国人民大学出版社1997年版，第27页。

到现代的经济学家、管理学家一刻都没有停止过。由于长期以来的经济研究都是在"完全竞争的市场"和"零交易成本"的假设条件下进行的，认为市场自身有能力达到资源的最优配置，交易过程不存在摩擦，也不存在费用，所以，在总成本中占有很大比重的交易成本往往遭到忽视。交易成本的提出使经济理论研究从"黑箱操作"向现实方向迈了一大步，使人们清晰地认识到，企业生产过程中除了活劳动和物化劳动成本外，还存在另一种成本，即交易成本。且交易成本是一个在经济生活中无时不在、无处不在，又时常令人感到蒙眬的问题，它无时无刻不在影响组织效率和经济发展。

2. 只有经验估计才可以加强理论对现实的解释能力

能否准确计量交易成本的大小会直接影响到交易成本理论对现实的解释能力。例如，新制度经济学家在进行制度效率比较时，要用交易成本作为主要的标准和依据，那么如果有经验性估计，将能使这一标准和依据更有说服力。在一个经济体中，经济运行的质量首先是指人与人关系协调的质量，经济运行效率的高低本质上是经济运行摩擦费用的高低。长期以来，对经济运行效率的经典解释就是新古典经济学的帕累托最优和帕累托改进，前者指一种静态均衡下的绝对效率状态，后者指一种动态非均衡条件下的相对效率状态，这两种效率状态均难以进行定量分析。但如果交易成本是可测量的，就能从定量的角度衡量一个经济体的运行质量。从绝对意义而言，在技术、制度和产出既定的情况下，交易成本的高低就是衡量一个经济体效率的绝对指标，交易成本越高，该经济体的运行质量就越低；反之，则越高。从相对意义而言，在产出一定的情况下，通过不同经济体转型成本和交易成本的结构对比，就可以衡量不同经济体的不同效率；从动态意义而言，如果说经济发展总是伴随着交易成本的增加，那么交易成本的时期特征就可成为评估经济运行效率的有效指标。

3. 只有经验研究才可以减少对经济评判的主观性

如果不能对不同制度下的交易费用作出准确的计量，对制度优劣等的评判就难免带有主观性。技术和制度是决定经济发展的关键变量。但在传统的解释上，技术和制度是分别对生产与交易产生影响的，即技术决定生产效率，制度决定交易效率，并进而影响经济发展。但诺思和威利斯通过经验研究认为，技术和制度是同时对生产和交易产生影响的。这是对经济理论的一大贡献。对交易成本进行测度的同时，也是对一个经济体转型成本的确定过程，根据两者的数量结构特征及其与经济运行总量的关系，就有可能从量化的角度揭示经济增长过程中技术和制度对经济运行的交易面与转型面的影响。

4. 可为经济决策和政策的制定提供参考

不同的经济制度和经济组织具有不同的转型成本与交易成本结构，可以从中看出不同经济制度和经济组织的价值形成特征。通过对一个经济体制和经济组织的交易成本量的分析，就能知道一个经济是转型主导型的还是交易主导型的，其价值形成的关键环节是上游还是下游。通过对交易结构的动态分析，就能知道一个经济的发展趋向。一般而言，从宏观看，一个转型主导型经济，随着技术进步和技术扩散，会逐渐向交易主导型转变，其交易成本在总成本中的比重会呈上升趋势；随着经济规模的扩大，一部分交易功能又从原来的产业部门中独立出来，成为新兴的交易服务部门。此外，通过交易成本核算，不仅可以进行经济结构分析，还可准确掌握技术和制度创新对经济的影响以及经济组织形式，从而为国家制定科技政策和制度改革提供依据。

5. 只有经验研究才能防止对交易成本的误用与滥用

尽管人们已经意识到交易成本的重要性，然而对交易成本理论问题仍然存在较大争议。由此可以看到的是，一方面交易成本已被大量地运用到各类经济学现象的分析之中，但另一方面人们仍然缺乏对交易成本这一概念的准确认识和界定，导致在理论研究方面对交易成本概念的误用和滥用。所以不对交易成本进行量化极易导致人们对任何现象都可以简单地标上"交易成本"的标签，造成理论和现实的混乱。

正是由于交易成本的经验性实证研究极具理论和现实意义，自20世纪70年代以来的理论发展已经激发了实证研究的热情并一直延续至今①。

三 交易成本的可测量性

交易成本的可测量性随着交易成本概念的不断拓展和对交易成本特征的不断认识而逐渐成为可能。交易成本是实实在在的成本，不是虚幻蒙眬地建立在空中楼阁之上的。人类的活动包括人与自然的关系和人与人的关系，人与自然打交道要花费成本——转型成本，人与人打交道当然也必须付出成本——交易成本。它们都需要投入实实在在的资源，即劳动、土地、资本和企业家才能。只不过人对物的成本执行把投入直接转为产出的任务，它主要包括材料物资的物理转变。人对人的成本是执行协调、处理人与人之间关系的功能。这两个功能其实都是"生产性"的。既然是具体的投入，就可以测量出来。

转型成本和交易成本行为的相似性是很重要的，因为不用为处理人类行为关系而发生的交易成本专门再重新创立一个理论，只需要价格理论就够了。

在传统理论体系下没有交易成本的概念，那么在此理论指导下的成本统计计量中，人对物的成本、人对人的成本是混合在一起的。交易成本概念诞生后，在交易成本理论体系指导中，理论分开的同时，在实际工作中因都是具体投入——劳动、土地、资本和企业家才能，那么在进行微观、宏观统计时完全可以把它们分开统计核算。

交易成本测量就像上面提到的面临许多困难和障碍，但任何新生事物的成长都是曲折的、不平坦的，只要有不畏艰险的科学精神，是完全可以克服困难和障碍的。诺思等经济学家及统计学家在发表的论文中已发出宏愿要更改、推进、发展现有的国民账户。

四 交易成本理论与测量在中国

新制度经济学家运用交易费用这个分析工具，以交易为基本研究

① 参见斯考特·E. 马斯顿《交易成本经济学的实证研究：挑战、进展与发展方向》，载约翰·克劳奈维根编《交易成本经济学及其超越》，朱舟、黄瑞虹译，上海财经大学出版社 2002 年版，第 61 页。

单位，把经济学的方法应用于研究制度的运行和演变，采用新的角度分析经济活动，创立了一种全新的理论范式，打破了传统经济学研究的界限，为新制度经济学奠定了基础，推动了经济学理论的发展。交易成本是新制度经济学的核心概念和分析工具，目前对交易成本理论的研究有待在概念的内涵外延的统一、量化和实际运用分析上进行突破。中国自 1978 年改革开放以来，长达 30 多年的高速发展，堪称"世界增长奇迹"。其原因就是中国的体制改革降低了单位交易成本，促进了劳动分工和专业化，进而提高交易效率（transaction efficiency），实现经济的高速增长。交易成本引入中国后，就受到了中国的理论工作者的青睐，深入的研究使交易成本理论在中国得以广泛传播，进一步发展并合理定义了交易成本的内涵和外延，并对新兴国家制度变迁、国家和地区经济发展差距拉大、企业经济绩效等经济现象与经济问题，以交易成本理论给予了更好的解释和说明。

随着近年来计量工具的普及应用和数据的日臻丰富，一些国际机构包括世界银行、赫里蒂奇（Heritage）基金会、弗雷斯特研究所、普华永道（Pricewaterhouse Coopers）和波特（Poter）等学者对影响交易成本的制度、政府政策、腐败、社会资本等进行了深入研究，因此从多个角度衡量交易成本的条件已渐趋成熟。以诺思和威利斯为代表的一些经济学者致力于这方面的努力，并发表了一定数量的经验性文献。这些现有的经验性文献正是少数勇敢的经济学家在非常困难的条件下做出的工作。

我国正处于经济转轨的过程中，改革开放使我国进入了一个体制转型时期。制度的变迁带来了经济的巨大发展，那么，我国的经济效率如何、交易成本有多大、变化的趋势怎样、对经济发展的影响程度等诸多问题亟待研究，交易成本在现代经济体中耗费的资源越来越多，对社会的影响越来越大，不研究交易成本测量就不能深刻洞察制度、组织、人类行为与经济发展的内在机制。金玉国借鉴诺思等人的做法，将我国国民经济部门区分为转型部门和交易部门，计算了我国交易部门所产生的交易成本。他的交易部门的定义和范围，与诺思和威利斯是一致的。这些交易成本其价值表现形式就是所有交易部门的增加值之和，是我国所有交易部门所消耗的社会资源。测量结果是按当年价计算的交易成本的绝对数从 1991 年的 4429.7 亿元，增加至 2002 年的 20576.10 亿元，增加了 3.5 倍；消除价格变动影响后，增加了 1.78 倍。计算结果显示了交易成本的绝对规模是扩大的。但从相对规模来看，交易成本占 GDP 的比重变化不大，即该数列是一个平稳的时间数列。在经济规模保持不变的前提下，市场化水平每提高 1 个百分点，交易费用的比重下降 0.103187 个百分点。如果没有经济体制转型因素，我国相对交易费用平均每年递增 0.15300，而实际经济运行中，这一增长趋势被体制转型节约的交易费用所抵销。此外，赵红军、尹伯成、孙楚仁（2006），卢现祥、李小平（2008），竹凤媛、张卫东（2009）等人也对中国的交易成本的测量进行了探索，都取得了一定的成果，为交易成本理论和经验研究做出了贡献。但与世界的相关研究比，我国这方面工作还相对滞后。针对这种状况，需要对国内外交易成本测量方法文献进行全面梳理，对国际上的交易成本的经验性探讨的最新成果进行研究，为从事交易成本测量的学者提供参考，以促进国内这一领域的快速发展，快速赶上国际研究水平。

第二节　微观测量方法的主要特征

一　目前还没有经得起检验的测量方法

诺思和威利斯（1986）的对国民经济交易成本的测量方法——交易行业测量方法已经得到了普遍认可和运用。一些学者已经采用了交易行业测量方法对本国或他国的交易成本状况进行测量。比如多莱里和梁（1998）估计了 1911—1991 年澳大利亚的交易行业的比重。盖尔特曼（1998）将它扩展到 1960—1990 年的法国、德国和日本。达戈尼诺·帕斯托和法里纳（1999）将它扩展到阿根廷。昂德里克·P. 范达伦（Hendrik P. Van Dalen）和艾克·P. 范维伦（Aico P. Van Vuuren, 2005）将它用于荷兰的交易行业的测量，等等。交易价格指数方法也得到了比较广泛的应用。比如赵红军、尹伯成、孙楚仁（2006）采用这种方法对中国交易效率进行的衡量，间接地衡量交易成本。但到目前为止，微观交易成本还没有一个公认的、被普遍认可、经得起检验的测量方法。这和微观领域广泛性、复杂性有关。各种家庭和纷繁复杂的多领域企业，以及多样的市场结构，都给微观交易成本的测量带来了困难。

二 各种测量方法缺少统一性的规律

众多学者对微观交易成本的测量进行各种探究，也划分了很多种类，德姆塞茨（1968）等人对金融市场交易成本的测量；波尔斯基（Polski，2000）对美国商业银行的交易成本的测量；第索托以创办新企业为实验，观察和比较了在美国和秘鲁创办新企业所花费的交易成本大小。加布尔·马丁（Gabre Madhin，2001）在对埃塞俄比亚谷类市场的研究中衡量了商人面临的交易成本，对于每笔交易而言，作者衡量了寻找合作伙伴投入的劳动时间的成本及在寻找过程中经营资本的机会成本，等等。可以看出，这些研究方法各有不同，基本是针对特定市场的某一侧面进行的试探和研究性质的测量，没有统一的规律性方法。

三 仍处于个案的测量阶段

尽管近年来在微观交易成本的测量方面有了多种方法，然而研究仍然主要停留在经验层次和个案的状态中，尚未能发展出一个可供检验的理论方法。布伦纳和梅尔茨（Brunner and Meltzer，1971）假设某个人计划去购买一个房子。作为一名消费者，他花费了大量的时间和金钱去考察房子，谈价钱，获得其他房子的资料信息，等等。简化形式的估计只能提供交易属性对组织成本差异的影响方面的证据，还需要进一步发展出解释变量的量化指标。这些都引起了微观经济学家、会计专家的广泛注意。交易成本概念的不统一，也是微观交易成本测量难以系统化的原因。交易成本测量研究方法的多样性，其实在相当程度上也反映了关于交易成本测量问题缺少一致性，至今还未有统一的理论体系。更全面和深刻地理解交易成本的问题，仍需要在许多领域进一步开展深入的研究。

四 企业内部和企业之间的交易成本测量研究很少

威廉姆森从不同的企业契约类型比较出发，认为交易成本高低与企业的契约类型具有依存关系，指出尽管交易成本的绝对数无法测量，但交易成本的比较方式在"序数"的基础上是有意义的。他采用了一种间接测算方法，把专用性投资间的某些关系（如所采用的合同类型）作为对交易成本的测度。70 年前科斯就为我们打开了企业这个"黑箱"，但我们对企业的交易成本的类型、大小还知之甚少，目前有关企业内部交易成本计量的文献较少。企业管理者并不在意它的成本是转型成本还是交易成本，只在意成本本身，会计核算中转型成本和交易成本二者是联合决定的。因此，有关企业内部交易成本的计量研究以及企业之间的交易成本比较研究，可能是经济学者进一步努力的方向。

第三节 宏观测量方法的主要特征

一 交易行业测量方法的主要特征

交易行业测量方法的一个重大贡献是创造性地根据不同成本在商品和服务的价值形成过程中的作用不同，将其分为转型成本和交易成本，把人类的经济活动划分为交易活动和转型活动，把行业划分为交易行业和转型行业，把各部门划分为交易部门和转型部门，从而使宏观交易成本的测量成为现实。他们对经济活动的区分的最初理论出发点是对劳动分工和专业化的考察。因为分工与专业化的发展实际上就意味着物质转型效率的提高，与诺思和威利斯所谓的转型功能是紧密联系的，分工与专业化的同时又会产生交易需要的扩张，这与诺思和威利斯的交易功能活动又是相关联的。对分工与专业化的讨论是古典经济学的一大理论基点。古典经济学认为分工与专业化是经济增长的动力，关注的是分工与专业化如何减少资源的稀缺程度，研究分工与专业化如何促进经济的增长，使一个国家更加富裕。亚当·斯密又认为分工受制于市场范围，因而分工和交易是古典经济学经济增长论的一对相互作用的变量。因此，可以认为诺思和威利斯对经济活动的转型与交易的区分，正是继承了古典经济学的分析传统——分工与专业化是经济增长的动力，并在此基础上增加了交易成本的变量，使转型与交易成为经济增长相互作用的两个重要变量。依循这一理论逻辑，交易成本和转型成本区分的理论渊源便可追溯到古典经济学对分工与交易的讨论，马克思对生产劳动与非生产性劳动的论述，以及旧制度经济学对交易概念的一般化等问题。因此也可以看出，新制度经济学提出交易成本并逐渐使之一般化是一个渐进的理论演化过程。

然后通过加总与交易活动相关的资源耗费获得了对交易成本的大致估计。这些资源包括转型企业内的交易成本，涵括金融业、房地产业、批发零售业、广告业、各种咨询业、保险业等交易服务中介部门的产值，及国家为维持经济秩序提供公共服务时所产生的成本，比如国防、警察、法院等保护产权部门的开支，因为它们便利了人们的劳动分工和专业化，提高了经济体的运行效率。

把测量范围界定在可观察的交易服务上，是简化测量、使测量得以实现的重要步骤。可观察的交易成本是指企业、交易中介组织发生的交易成本及国家为维持经济秩序、提供公共服务时产生的费用。不可观察的交易费用是指个人或家庭为交易所发生的搜索费用，由于家庭发生的费用不进入任何经济核算体系，因而也无法进入交易成本统计范围，这与国民经济总值统计很相似。在经济发展中，随着交易中介部门的扩展，不可观察的费用也会转化为可观察的费用。一个经济体的分配体系越发达，交易中介机构越多，不可观察费用就会越来越多地被转化为可观察费用。

这种方法将交易成本的度量扩展到企业层面上，使交易成本核算具有组织基础。交易成本是在企业内外部同时存在的，钱德勒的工作则使这一点更明确；企业追求交易成本和转型成本的总成本最低。因而交易的主体要么是生产性组织，要么是交易服务组织单位，企业内交易成本反映为企业的经营管理成本，而交易性服务部门也有其自身组织的运行成本。因此，交易成本的核算可以转化为对组织内成本的测度，使得交易成本的核算成为可能。交易中介部门的间接交易成本与企业内部发生的直接交易成本具有替代关系。一个经济系统的交易成本不仅包括企业中发生的直接费用，还包括交易中介结构发生的运行费用，交易成本是企业内外部的交易成本的总和。一个企业既可以直接进行交易活动，产生直接交易费用，也可以购买中介机构的交易服务，形成间接交易费用。当然，企业外化的交易费用只是交易服务中介发生的交易费用中的一部分，此外还有政府运行费用、个人搜索费用、交易服务中介交易费用等。

盖尔特曼发明了交易成本—收入（TC‑Y）国家曲线，对不同国家不同时期的产出效率和 TC 效率进行比较，从而可以进一步分析这一时期的经济现象及其原因和经济走向。在交易行业方法下获得的各国经验性数据，使体制比较更有力度，如米切尔·盖尔特曼（1998）、达戈尼诺·帕斯托和法里纳（1999）等人都利用这些研究成果进行了比较深入的国际比较，比较了有关国家之间总交易成本占GDP（GNP）的份额，人均交易成本占 GDP（GNP）的份额，人均交易成本和人均 GDP（GNP）的数据比较，并对转型行业、交易行业、政府的产出交易成本效率进行了比较分析。突破了传统的经济结构的分析方法，在诸多的研究中，已注重交易部门和交易行业的投入与产出比重对国民经济的影响及作用，从而调整和重新制定经济政策，有利于经济结构的深入分析和研究。

二 交易价格指数方法的主要特征

如果研究的问题是宽泛的概念，一些要素可以被替代在影响它们的宽泛指标里，就可以把一系列基本变量概括为一个测量指标即指数。而交易成本正是一个非常宽泛的概念，一个国家制度总体运行的交易成本状况、交易成本大小由多种因素决定，也体现在多个方面，把反映一个国家交易成本的多个指标综合起来，得到一个综合评价值，由此来反映一国交易成本的整体情况，并进行横向和纵向比较。所以，交易价格指数方法是测量一国交易成本大小的可行方法，代表了交易成本经验研究的一个方向。

交易价格指数方法文献是通过建立指标量化交易成本，将交易成本这个抽象概念转化为可观察指标，才能在交易成本概念和经验事实之间建立联系。指标只是概念内涵中可以观察到的构成成分，操作化的结果并不能反映交易成本概念的全部含义，即使增加指标数量，特定概念的全部含义也难以得到充分反映。但这种转换的代价是必要的，因为如果没有操作化过程，抽象的交易成本概念和具体的现实之间就无法联系起来，检验假设也就无从谈起。

为了衡量一国或地区的交易价格指数水平，艾根·祖齐（2001）等学者首先要找出影响交易的重要层面：一般包括直接反映市场的直接交易成本、政府、通信设施基础、教育几个大的层面，而这几个层面涉及众多因素，因此需要从中提取能代表一国或地区交易效率水平的指标，此时借用了较高级的计量分析工具——因子分析法或主成分分析法，从有关政府制度、法规、反腐败、通信交通、基础设施、教育水平、通货膨胀率、关税等众多指标中构造出一个能反映经济体一般交易价格指数的指标，计算出指数。

交易价格指数文献在具体测量方法方面采用了因子分析方法，因为因子分析有一个默认的前提条件就是各变量间必须有相关性，否则各变量间没有共享信息，就不应当有公因子需要提取，自然也谈不上使用该方法，这是因子分析最为严格的前提要求。所选典型变量代表了一个"共同因子"，即一种内在结构，通过因子分析就可以将这些变量间潜在的结构推导出来加以利用。通过对提取的共同因子的分析，指标反映的就是交易效率。交易效率代表的是某一时间段内完成交易的总量，从整个经济体来看，可被看作一国经济组织或个人在一定时间内进行各种交易活动的平均交易效率。因此，交易价格指数越高，交易效率越低，单位交易成本越低，从而提高分工水平，促进经济的发展。最后利用数据验证交易效率、交易成本与经济发展之间的关系。虽然实证方法不是影响实证结果的唯一因素，然而一个显而易见的事实是采用更为全面、科学的实证分析手段，能够得到更为客观、准确的实证结论。

交易价格指数方法不同于以往的交易成本经济学的经验工作，不是对专门交易成本形式特征的个别观察和检验（test）相应的组织形式是否可被相应的理论所预见，而是要致力于国际比较的经验分析。

交易价格指数方法相比交易行业测量方法和案例方法有它自己的优势，它估计了各国家单位的交易成本。估计交易部门比重高低的交易行业方法文献仅能证明交易成本总额随着经济发展而不断增加的趋势，对单位交易成本的变化趋势并不具有解释力。而案例方法文献针对具体交易活动成本的估计尽管颇富启发性，但仍受限于调查数据范围和可获性，对一国经济体总量和单位交易成本的估计并不具有很强的解释力。诺思和威利斯首创的交易行业方法虽然现已被运用于测量美国、日本、德国、法国、澳大利亚、阿根廷、荷兰、新西兰、印度等国家的交易成本规模，但由于数据的限制等因素，还不能形成广泛的国际比较。亚历山德拉·贝纳姆和李·贝纳姆（1998）编撰的交易价格（the prices of transactions）个案以测量交换成本，但在他们的例证中，价格和国家的数量是受限制的。这些个案的实证研究特性都是根据访谈或是调查估计的，受限于厂商、资料和受访者的观念，很难在国家间进行比较。交易价格指数方法在认为交易服务是正常商品的前提下，强调价格而不是支出份额，构造了国家经济范围的广泛的交易成本指标，即交易价格指数（Transaction Price Index，TPI），从而可以进行更广泛的国际比较研究，角度新颖。交易价格指数方法估计了经济体一般交易价格指数或交易效率水平，指出单位交易成本下降或交易效率水平提高是经济发展的重要推动力，这与诺思等人的交易部门份额增加以及世界各国交易数额增加相一致，但比前者更加清楚也更具政策含义。交易价格指数方法体现了当前交易成本经验研究的新进展，为进一步以综合指标衡量一国交易成本大小提供了思路和重要启示。

交易服务是一种正常商品，计算出经济体一般交易效率水平，指出交易效率的提高是经济发展的重要推动力。从宏观上来说，交易效率的提高会导致总的交易成本的提高，因为交易效率提高会提高分工水平，从而增加交易次数，当然也就提高总的交易成本。因此，交易成本在国民收入中的份额会随着交易效率的提高而提高。

三 两种方法的互补性和一致性

把交易价格指数与诺思和威利斯模型实证数据相结合进行比较分析发现，二者对宏观领域交易成本研究具有互补性和统一性。对它们进行回归分析，呈正相关关系。根据艾根·祖齐（2001）做的 88 个国家的 1997/1998 年的一个交易价格的指标，TPI 数据以及印度、阿根廷、新西兰、波兰、澳大利亚、法国、德国、日本和美国 9 个国家的交易部门在国家 GNP 中所占的比重，进行回归分析。表 8.1 列出了这几个国家 TPI 得分和交易部门在国家 GNP 中所占的比重。交易价格指数的变化范围从 0 到 10，得分为 10 分，表明与其他国家相比，该国拥有最低的交易价格。尽管样本规格较小，用在 GDP 中所占的交易比重回归 TPI 产生提示性的结果，TPI 每增长 1%，表明交易价格下降，交易支出所占的比重增长大约 1.9%。此结果表明在那些交易价格较低的国家中，购买的数量大些；尽管价格较低，购买数量如此之大以至于更大的支出份额将用于交易服务。

表 8.1　　　　　　　　　　TPI 指数和 GDP 份额

国家	TPI （1997）	GDP 中交易行业的百分比 （1990）
澳大利亚	8.1	59.5 （1991）
阿根廷	6.8	34.5
法国	8.3	63.9
新西兰	8.4	68.0
日本	8.1	55.0
美国	8.5	62.8
印度	6.4	38.4
德国	8.0	47.6
波兰	6.8	46.91 （1996）

因变量　Log（GDP 份额）

自变量	系数	标准差	T 值
Log（TPI）	1.93645	0.0177	109.42

自变量	系数	标准差	T 值
R^2	0.7913		

资料来源：GDP 中交易行业的百分比（1990）数据来源见［1］Douglass C. North and John Joseph Wallis, "Measuring the Transaction Sector in the American Economy, 1870 – 1970", in *Long-term Factors in American Economic Growth*, Engerman and Gallman, eds., Chicago：University of Chicago Press, 1986, pp. 116 – 121. ［2］Datta, Samar, O' Hara. Donald & Nugent, Jeffrey, "Choice of Agricultural Tenancy in the Presence of Transaction Costs", *Land Economics*, 1986, 62（2）. ［3］Michel Ghertman, "Measuring Macro-economic Transaction Costs A Comparative Perspective and Possible Policy Implications", Second Annual Meeting of the International Society for New Institutional Economics, Paris, 1998. ［4］Brian Dollery & Wai Ho Leong, Measuring the Transaction Sector in the Australian Economy, *Australian Economic History Review*, 1998, 38（3）, pp. 207 – 231. 其中澳大利亚的份额是 1991 年的数据，波兰的份额是 1996 年的数据。TPI 数据来源：Christian Eigen-Zucchi, *The Measurement of Transaction Costs*, *Unpublished Doctoral Dissertation*, *Department of Economics*, George Mason University, USA, 2001, pp. 126 – 141。

越社会化的经济 GDP 中交易成本所占比例越大；国家越发达，单位交易成本越低。

人们在使用交易成本概念的时候，往往分不清单位交易成本与总量交易成本。美国交易成本占 GDP 份额的比重大于阿根廷的交易成本占 GDP 的比重，由此得出美国的交易成本高于阿根廷的交易成本的结论，国家越发达，交易成本越高。这是一个简单、模糊又错误的结论。

交易行业方法计算了一国经济中交易支出的份额，但如果交易支出在整个支出中的份额增加了，那么这个增加对发展是正的还是负的，交易效率及单位交易价格是提高了还是降低了，是不是交易价格降低而交易数量提高的结果，这些问题交易行业方法不能给出答案。加进交易价格指数分析方法后，就可以更全面地观察一国的交易成本状况及对经济的影响力。

分析发现把交易行业方法和交易效率指数方法结合起来考察，对它们的机理进行分析，就可以清晰这个问题。交易行业方法和交易价格指数方法都是衡量一个国家或一个经济体的交易成本状况，但分别衡量的是一个国家或一个经济体中总量交易成本和单位交易成本。二者衡量的角度不同，反映的侧面不同，但比较结果应该是一致的，或者说是互补的。

总量交易成本测量的是一国总体的交易费用；单位交易成本测量是在既定制度下测量商品或劳务的标准及技术变化引起的交易费用，即在既定的体制下考察一定交易的交易费用，它可以衡量一国的交易效率和经济运行效率。而总量交易成本只有结合产出量如 GDP 才能进行经济体制的比较。

总量的交易成本与单位的交易成本的关系是交易成本测量中的一个重要问题。如果不明确它们的关系，就可能得出自相矛盾的结论。笼统地说，降低交易成本促进经济发展是不准确的，因为没有区分是降低总量交易成本还是降低单位交易成本。总量交易成本在一个发达国家交易成本占 GDP 的比重呈上升态势，经济发达了，分工越来越细，科技的进步都需要把一部分资源用于交易领域，交易成本当然越来越高。亚当·斯密只看到了分工、专业化的好处，而忽视了由此引起的交易成本。从某种意义上讲，总量的交易成本是庞大的社会分工体系必须付出的成本。

一个社会的交易费用不可能为零，但也不能把全部的资源用于交易领域。根据诺思等人的计算，美国及发达国家现在经济份额中占50% 左右。总量交易费用上升（占 GDP 的比例）的态势必须考虑这样几个问题，它会不会无休止地上升？有没有一个达到一定程度后就呈稳定的态势？在什么界限内有利于经济发展，超出什么界限对经济形成阻碍？对于发达国家或地区总量交易费用的上升必须考虑到经济全球化及国际分工这个前提。发达国家制度环境较好，每笔交易的成本不高，交易量大，所以总量交易费用也高。总量交易费用高的发达国家的分工越来越细，交易服务部门不断增加，整个社会用于交易的资源增加，总量交易成本也不断增加。交易服务扩大，不仅降低了每笔交易的成本，而且为社会分工的深化、市场范围的扩大创造了条件。

交易价格指数方法得出，国家越落后，交易效率越低，单位交易成本高。发展中国家的贫穷在相当程度上是因为交易费用，或者经济运行的成本十分高昂。如果经济运行成本是高昂的，那么整个经济体系就不可能获得良好的经济绩效。这里的成本高昂是指发展中国家由于制度的缺失导致的单位交易的成本高昂。著名经济学家乔治·A.阿克劳夫（1970）把制度安排的缺乏看作经济发展的主要约束。在任何经济中，交易费用在总体上不可能降低。事实上，在过去的上百年里，用于交换活动的资源越来越多，这样做是为了获得现代技术及其生产力的增长。正如亚当·斯密所说，作为国民财富的源泉，必须极大地提高生产和劳动的专业化。为了做到这一点，必须进行越来越多的交换活动，而每一交换过程都需要花费资源来界定交换的内容和条件。因而希望在社会发展过程中出现的一个重要现象是越来越多的资源用于交易活动并构成交易费用。如前所述 1870—1970 年的美国经济的交易费用的总和占到国民生产总值的比例由开始时的大约 25% 增加到 100 年后的 45%。这意味着在总体上越来越多的社会资源用于交易活动。美国经济和世界上其他高收入国家的贸易部门的收入超过了国民生产总值的 50%。这意味着一半以上的社会资源并没有直接用于生产任何东西，而是用于进行整合与协调不断增加的和越来越复杂的政治、经济及社会体系。这同样意味着哪里的经济发展得更好一些，哪里的交易费用通常占国民生产总值的比重就高一些。希望通过交易费用总量的增加实现亚当·斯密所展示的生产的专业化和劳动分工带来的好处，同时，希望能够以较低的成本实现每一笔交易。这就是讨论交易费用的度量，尤其是讨论要素和产品市场交易费用度量的原因，通过它可以区分高收入国家和低收入国家：每单位交易需要较少成本的国家是高收入国家，而单位交易需要非常高成本的国家是低收入国家。诺思认为：组织形式的创新；以资本代替劳动，从而减少因为人们的投机行为而增加的监督成本；政府发挥"第三者强制力"的作用，可使交易成本降低。

总量交易成本可以看作单位交易费用与总交易量这两个变量的函数，单位交易费用增加会抑制交易量，单位交易费用减少会激励交易量增加，两者反向相关。但实践证明，单位交易费用减少的边际变化弹性更大，也就是说减少单位交易费用引起的交易数量增长幅度大于增加交易费用引起的交易数量的减少。这种总量交易费用增加是商品经济活跃、制度安排高效的表现。这是两个不同的概念，但两者又有内在的联系，总量的交易费用会上升，即为交易服务的部门会不断地增加，即交易也有一个规模递增的收益问题。这就需要分工和专业化达到一定的程度，当交易部门实现了规模经济以后，整个社会的交易费用（即为维持交易部门的运转所需要的费用）也会达到一定的规模，但是社会成员用于每一笔交易的交易费用会下降，社会总量交易费用的上升与每一笔交易的交易费用下降这两者并不矛盾。

第四节 面临的主要问题

一 概念界定与测量范围的矛盾

科学方法提供的研究假设必须能够接受经验事实的验证，也就是可以把研究假设与经验资料进行严格对比，一致则通过检验，可暂时接受为结论，相反则要修正假设。为了研究假设满足可检验的标准，学者必须对概念作出清晰的定义，明确测量概念的方法。交易成本测量是按照一定的法则和程序，对交易成本在量上的规定性加以确定和描述的过程。明确界定概念及其测量方法尤为重要，因为交易成本概念抽象，人们对交易成本有着不同的理解和定义。因此，概念操作化是科学方法中相当关键的环节，发挥着承上启下的作用，否则无法用经验事实检验研究假设。要进行交易成本测量研究首先必须弄清交易成本的概念、内涵及本质特征。

在交易行业测量方法中，只有对交易成本有一个正确和完整的认识，才能判断出哪些行业是交易行业，哪些是非交易行业，哪些职业是属于交易职业，哪些职业属于非交易职业，从而才能界定测量的范围，才能进行相对准确的估算。否则范围可能或大或小，不符合客观现实，测量结果就难以叫人信服。在交易价格指数方法中，没有概念的准确的定义，是很难建立科学的衡量指标体系的。

　　第一个把交易成本转换成可测量概念的人，也开辟性地成功尝试了对宏观经济内的交易成本进行了实证测量，其他运用这种方法的学者也基本采用了他们对交易成本的理解。正是因为他们创造性地把人类的经济活动划分为交易活动和转型活动，把行业划分为交易行业和转型行业，把各部门划分为交易部门和转型部门，根据不同成本在商品和服务的价值形成过程中的作用不同，将其分为转型成本和交易成本，才为宏观交易成本的测量开辟了道路。

　　1986 年，在"测量美国经济交易行业，1870—1970"的论文中，虽然诺思和威利斯力图使交易成本定义更加清晰明确并具有操作性，但从论文中出现的交易成本概念看还比较混乱。例如，"交易成本是与交换相联系的成本，执行交易功能的成本""交易成本意旨投入使用与执行交易功能的经济价值"（1986：97）。那么交易在这里的含义是什么？与交换是什么关系？

　　在一个例子中他们说"因为我们常视交易成本为交换和执行产权的成本"（1986：98）。"在一个岛上，为了执行保护房屋产权，而防备聪明的猴子安的锁，没有交换，没有交易，锁的成本是交易成本吗？但把这个房屋移入曼哈顿，锁是交易成本吗？是人闯入或是猴子闯入你的房子很重要吗？"（1986：102）从这段话看，他们并没有完全弄清楚什么是交易成本。

　　诺思和威利斯坦白地承认他们不知道答案，但感觉把所谓的"保护服务"纳入非交易行业很不舒服，他们就这样含含糊糊地把警察、守卫等包括进交易行业中了。所以，无论是交易成本概念内涵还是外延都是很含糊的。

　　在交易行业方法中，诺思和威利斯的交易成本概念在理论上有意义，在实践中却很难操作，不可避免地出现理论与现实的矛盾，必然使估算结果大打折扣。

　　交通成本不在诺思和威利斯的交易行业测量范围之内，但在测量公共交易行业时把水路运输和航空运输划分在交易行业中，把高速公路划分在非交易行业中。多莱里和梁在对澳大利亚的交易行业测量中，把航空运输放在了非交易行业中。

　　把社会活动划分为转型活动和交易活动，进而把社会运行成本划分为交易费用和物质转型费用，其目的是想利用社会转型活动和物资转型费用的明确性来确定交易与交易费用的界限。这种区分在理论上有一定的意义，但区分概念并不是很明确，就使在计量中的操作性大打折扣。因为社会活动在交易活动与转型活动之间的划分并不是泾渭分明的。当某些活动既具有交易功能也具有转型功能时（这种活动在社会中广泛存在），会使交易费用的计量产生困难。

　　但交易成本和转型成本的划分是比较微妙的，有时并不是显而易见的，如运输，既导致物资产品空间上的位移，属于转型活动，又可能是产权转移的一部分，属于交易性质；又如企业雇用工头，他既是管理者又是生产者。从整个国民经济系统来看，也有类似的情况。

　　运用交易行业测量方法的学者对交易部门和交易职业的划分大体相似，但也存在较大的出入，有的划分范围是武断的。农业、渔业和林业、矿业、建筑业和制造业等从事产品的生产活动，无疑应属于转型部门，另外有一些部门，它们并不生产物资产品，如交通运输业、清洁卫生业等，要么是生产过程的延伸，要么生产的是一种为改善生活、文化消费的服务，而不在交易范畴之内。这些产业也应属于转型部门。非交易服务部门并不为其他组织提供交易中介服务，所发生的交易成本仅限于组织运行成本。有些产业，它们属于交易或非交易的划分比较困难，如文教科卫行业，广播电视业一方面传播大众信息，另一方面又有消费性的电视剧。零售和批发贸易中的交通成本被排除在交易成本之外，而公共部门中的航空交通、高速公路却被诺思和威利斯包括在交易行业的测量范围内。电子通信业根据各自的理解有的学者把它视为交易行业（Samar K. Datta，2004），有的认为是转型行业（多莱里和梁，1998）。

　　对职业划分也出现同样的问题。这说明对部门和职业的划分还缺少统一的科学标准，有很大的随意性。因为管理者也做转型工作，另外，很多主要的转型工人特别是高技能技术人员和专职人员包含管理行为。这种不能准确区分的情况使交易成本的测量产生不准确性。

　　对教育、国家某些公共部门等既存在交易行业又存在转型行业的部门没有深一些的交易或转型性质分析，对它们只做了简单处理，一律以转型部门测量方法测量。教师在一定程度上在父母工作的时候替人教育、照看孩子，他们是交易行业的部分，有利于劳动分工。在一定程度上，他们以教学生参与社会经济生活的规范、技能使学生社会化。他们为昂贵的不对称信息判断复杂的身份信号和文凭。他们也在执行交易行业活动。但在某种程度上，他们增加被分为转型行业的执行转型活动的人力资本，明显的是教科学和技术的，教语言的不太明显。像社会科学，如经济学，在这些领域的教学和研究，被理解为交易活动。但都没有试图把教师分为交易和转型活动，而是全部被认定为转型行业。

二　概念与建立测量指标体系的矛盾

交易效率指数或交易价格指数方法是通过建立指标来量化交易成本的。将交易成本这个抽象概念转化为可观察指标，才能在交易成本的概念和经验事实之间建立联系。这类文献的指导思想是以广义的交易成本概念为基础构造交易价格指数的，遵照狭义的交易成本定义寻找具体交易成本不同的要素作为量化指标。利用交易效率与交易成本的关系，以主要影响一个交易效率的要素为变量，构造交易效率指标。实际上，通过计量经济学方法提取的公共因子就是交易效率因子。

在确立了这样的基本思路之后，这种方法用了几个维度进行了测量，概括起来有：包括通货膨胀在内的直接交易成本、制度、教育、信息通信。

一国的交易成本和交易效率涉及多方面的经验现象，必须清楚交易成本和交易效率涉及的维度，否则有可能导致指标选择较为片面。

交易成本价格指数或交易效率指数的方法恰恰没有清楚交易成本和交易效率涉及的维度，结果导致维度指标选择不科学。

使用信息通信为测度指标反映了技术对交易成本的作用的思想。虽然这类文献没有像诺思那样直接阐述技术对交易成本数量的影响，但看到了信息技术对交易的作用是相当大的。诺思认为交易成本在数量上不仅与组织生产的制度结构有关，还与生产的技术条件有关。诺思的看法其实考虑了时间因素，是对经济史考察的总结（1981、1984、1989、1999）。一方面，生产过程必然会产生交易成本，因为具体的生产过程总是在既定的制度结构下进行的；另一方面，生产制度结构的选择，即使单从节约交易成本的角度来考虑，也不是自由的，生产的技术条件会同时发挥作用。选择生产的技术条件和生产制度结构时，不仅要考虑转型成本，同时还要考虑到交易成本，只有那种使生产成本达到最小的生产技术条件和生产制度结构的组合，持此观点才能部分地解释如下粗看起来颇为费解，但活生生地存在的事实：在现实经济生活中，人们并不总是选择最新、最先进的生产技术和最时髦的生产制度结构的组合；从理性出发，人们往往采取比较落后的生产技术或生产制度结构；不同人文背景下，相同的生产技术条件或组织生产的制度结构，所达到的经济效率存在很大差异。

所以，从技术对交易成本数量影响的观点看选择信息通信为度量指标应该说是合适的，但不应该视它为母指标，而应该设立技术为母指标，信息通信为技术下的一个子指标。

仅把政府治理视为制度指标是这类文献的一大缺陷。

康芒斯认为："制度——这三种类型的交易（指买卖的交易、管理的交易和限额的交易）合在一起成为经济研究上的一个较大的单位，根据英美的惯例，这叫作'运行中的机构'。这种运行中的机构，有业务规则使得他们运转不停。"[①] 就是说，这三种交易分别对应着现代社会中的三种制度安排，即市场、企业和政府。三种交易的不同组合，构成了不同的经济体系。

交易价格指数方法设立制度为其中维度之一，但制度只包括政府治理的制度、法规、反腐败指标，没有反映企业和市场状况的交易成本的维度与指标。

企业交易成本和交易效率在一个国家经济中的权重是非常大的，是企业内部管理机构为组织和管理交易活动而发生的费用。在基层组

---

① ［美］康芒斯：《制度经济学》，于树生译，商务印书馆1962年版，第86页。

织中，其又可分为纵向交易费用和横向交易费用。纵向交易费用是上下级之间往来所发生的费用，横向交易费用是本级机构内发生的费用以及同级机构之间往来所发生的费用。企业内交易成本可以反映出企业的管理效率和组织结构。企业内交易成本较小，说明企业经营管理效率较高。没有企业的指标或是因为交易成本理论没有吃透或是因为企业交易成本数据目前还无法获得，但舍去企业交易这个维度必定会影响到测量结果的可信度。

市场交易成本反映市场的交易效率，可以衡量消费者和企业利用市场机制的能力。市场交易成本又可分为商品市场交易成本、资本市场交易成本和劳动力市场交易成本等。商品市场交易成本是为商品购销而发生的各种费用，是由于企业与供应商、客户之间的业务往来而发生的全部费用，如收集商品信息费用、签订购销协议费用、采购费用、货款结算费用、促销费用等。商品市场交易反映企业与供应商、客户之间的商品购销和货款结算关系。资本市场交易成本是指企业为筹集资金而发生的各种费用，如发行股票、债券前的准备工作所发生的支出，发行股票、债券时的宣传费用和承销费用，协商借款和签订借款协议时发生的费用、借款的手续费，等等。资本市场交易契约反映企业与股东、债权人之间的投、融资关系和收益分配关系。劳动力市场交易成本是为获得和使用劳动力而发生的费用，如劳动力的招募费用等。劳动力市场交易契约是企业在招聘、录用经理人员和一般员工时签订的合约，反映企业与员工之间的劳动雇用关系。艾根·祖齐（2001）考虑到了市场交易成本，所以想用通货膨胀率、利率分布（spread）、贸易限制这几个指标分别反映商品市场、资金市场、外贸市场的交易效率。但这几个指标还不能全面正确地反映出一个国家的市场交易运行状况，所以也使测量效能大打折扣。

诺思认为"制度是由非正式约束（道德约束、禁忌、习惯、传统和行为准则）和正式的法规（宪法、法令、产权）组成"。在人类行为的约束体系中，非正式制度具有十分重要的地位，"即使在最发达的经济体系中，正式制度也只是决定行为选择的总体约束的一小部分，人们行为选择的大部分行为空间是由非正式制度来约束的"。①
非正式制度通过协调交易主体内部、交易主体之间以及交易主体与交易环境的关系，对交易成本的影响是非常大的，而指标体系并没有体现。但从理论上讲应该设立这样的指标，数据又从哪里得到呢？

确定维度之后，选择指标是操作化中实践性最强的步骤，往往反映出研究者对交易成本的内容、理论和实际情况的掌握程度，掌握程度越高，选择的指标可能越接近交易成本概念的内涵，同时可能更便于操作。指标体系是测量工作成败的关键，指标体系与测量交易成本的目的必须协调。

一个国家的交易状况是一个结构复杂的系统，在这个系统中又有众多相互联系的子系统（或构成要素）。所以，一个国家交易成本的大小、交易效率的高低是这个国家内各个构成要素综合作用的结果。但这种"综合作用"并不是靠各个子系统的简单相加，而是靠各个子系统的科学地组合以求得系统"整体效应"的最优化。因此，衡量一个国家的交易状况，首先应该通过交易系统分析将交易成本这个总目标系统按其所包含的主要领域划分为若干维度及子系统，建立交易效率的系统结构。指标体系应围绕影响交易的系统结构对构成这个总目标的各个子系统的基本情况进行综合全面的概括和描述；指标体系中的每个维度、每一个指标要能从其代表的某一个侧面反映交易成本的本质和特征，所有的指标组合起来能够从构成反映交易成本的各个领域、各个侧面全面系统地反映一个国家交易成本状况的本质和特征。但这类文献总体指标体系片面，缺少衡量方法的全息性，所建立的指标是不完整的。

有的指标不能突出交易成本的特点，如年龄15岁以上的成年人文盲率不能够突出交易成本的特点，与科学衡量交易成本的目的不十分协调。

有的指标似是而非，如通货膨胀率的方差指标。

---

① ［美］道格拉斯·C. 诺思：《制度、制度变迁与经济绩效》，刘守英译，上海三联书店1994年版，第54页。

所以，对于交易价格指数方法来说，什么是交易成本，这一概念的内涵和外延到底是什么，应该用什么样的指标去测量，还有待进一步地深入探讨。

三 数据及统计误差

概念的混乱是阻碍交易费用计量研究的一个重要原因，而获取数据的艰难是目前测量面临的另一个主要问题。尽管交易行业方法和交易价格指数方法克服多种困难使数据尽量完整、准确、可比、一致，但主、客观因素的存在，由数据的欠缺而导致了估计结果的较大误差。为了规避资料数据取得的难度，采用代替的指标。由于资料的限制，自创似是而非的指标，或变通用其他指标来代替，使测量结果大打折扣。

在交易行业方法中，由于能力的限制还不能获取为交易服务的资产数据，只能简单地以工资来替代交易成本。企业内部交易行业的测量只包括交易劳动成本，没有其他成本。这种计算方法所得出的交易成本的总额没有包括为交易服务的资产性消耗，包括固定资产折旧、低值易耗品消耗（办公用品等）。随着技术的进步，交易技术水平和数量不断增进是必然的，交易资本替代交易劳动，资本有机构成提高的情况就会在交易领域内发生。由于资本替代劳动的作用，低估的交易性资产消耗是一个递增的量。应该被提到的是，企业内部交易行业的测量只包括交易劳动成本，没有其他成本。他们漏掉了与交易人员有关的资本资源必偏倚长期时间序列比较。比如，在早些年，交易人员工作用较少数量的资本比后些年使用的资本，如果诺思和威利斯把他们的研究修正为从 1970 年到现在，发生在管理层的信息技术的大量投资可能将被计算在交易行业的测量中了。这一点他们比波拉特和偌宾（Porat and Rubin, 1977）退了一步。也许是跨期太长，就简化了测量内容。

由于数据和这些人员所占份额的估计方法的限制，估算的结果存在潜在的误差。比如，诺思和威利斯的关于交易人员的酬金占美国 GDP 的百分比就可能存在以下误差。早年的交易人员的数量可能被低估，主要是文秘人员，特别是 1870 年的普查，这导致交易人员的向上（偏高）的误差。相似的误差可能由于多重职业人员的分类。比如，一个 10 人的工厂，一个人雇用自己一半时间为工头即管理者，另一半时间则是木匠。而他可以报自己的主要职业是木匠。当雇员增长到 20 人，他完全变成了全职工头，很明显，交易人员的份额从 0 变为 5％，但实际的份额仍保持不变。这两个误差可能部分地被其他误差抵销。首先，已经把所有者、管理者和业主包括在交易人员中，这些人员就像例子中的工头，只是他们的误差朝着另一个方向。早年，很大份额的劳动力是自我雇用（更多的时间花费在管理上，实际劳动时间减少）。

再如，关于 1910 年以前那些年的交易人员份额的计算，早年有向上（偏高）的误差。对于交易人员的几个类别，1910 年以前的数据没有被报告，而是用 1910 年各专门的交易人员职业份额近似地估计 1870 年以后的部门雇员份额。

多重职业雇员的问题，潜在的重要也是对称的误差。那就是，多重职业雇员的数目，最初上报他们的职业是交易职业而不是其他职业，这个数目就像多重职业雇员他们最初上报不是交易职业的人员的数目一样多。当然，没有办法知道，甚至大概地知道，只希望这些误差在多大程度上相互抵销。

其他主要的问题是来自进行估计的方法。首先，已经忽略了与工人相连的资本资源，交易人员在早年使用的资本物品比他们近年使用的大（或少），这种情况，交易人员使用的资源是偏上（下）的误差。其次，对于部门内特殊的职业，他们可能因工资、时间和雇员的数据而被改动。最后，用在非交易部门类型人员的资源量计算误差额，一定会被内在于估算这些人员所用资源的份额的 GDP 的误差而扩大。

还有重复统计问题。一个非交易服务产业组织可能购买交易服务中介部门的交易服务。对于非交易服务产业来说，这部分支出为交易成本，而交易中介部门收取这笔服务费后，最终成为本单位的工资或购买组织消耗的资产，就会在宏观测算框架中被统计进交易成本，因而具有重复统计的可能。因此，宏观交易成本统计应仅计增加值，而组织内交易成本统计可从成本结构入手，它们的一个共同点是都从组织内发生的费用出发。当各组织内交易费用累加而形成宏观测量数据时，应剔除其中的重复部分，这种剔除工作比较复杂。

由于没有数据统计导致对一些人员的忽视。交易行业方法的测量并没有提及失业人员和罪犯。而对失业率较高的国家，如失业率在7%以上的国家，这部分人员是不容忽视的，但如何对待这部分人员，是值得探讨的。大部分罪犯不属于转型行业，大多数罪犯（大约2/3）是产权犯罪，所以可被认为属于交易行业，因为是在正式产权的基础上运作体制产生的成本。其他的犯罪行为，如情感犯罪，既不完全属于交易类型，也不属于转型类型。但在诺思和威利斯等交易行业测量的文献中并没有提及。

在交易价格指数方法中，测量指标体系设计得不合理、不科学，一方面源于对交易成本理论的掌握，另一方面就是数据的原因，人们都同意交易成本重要，但很难在组成要素上达成一致。同时，数据的限制也阻碍了要素的选择。为了规避资料数据获取的难度，只能采用代替的指标，使测量效能低下。由于数据的限制，有的研究者自创一些似是而非的指标，有的采取变通的方式用其他指标来代替。某些指标来源于调查数据，因此数据的可获得性及准确性影响交易效率的估计；这方面的研究只能停留于横截面的比较，即不同地区的交易效率水平的比较，由于目前无法收集时间序列数据，因此无法对一国或地区做纵向比较，也难以对制度的发展做一个历史分析。

一个国家的交易状况是由多种因素相互联系、相互作用构成的，这就存在全息性，即各组成成分或因素要不同程度地映射或包含交易成本系统整体特征的信息。指标体系的建立应包含交易成本总体特征的信息。这是运用多因素、多指标来综合认识交易成本总体特征的前提。

一些重要要素可以帮助描述不同国家现行的交易价格水平，但没有被包括在交易价格指数之内，因为如果把它们包括进来将大大缩小样本规模。在某些情况下，样本规模非常小，在另一种情况当所有变量被包括时，将分散不同国家的覆盖面。

如互联网进入比率，互联网进入费是交易成本的令人感兴趣的指标。但互联网进入比率数据只有在 OECO 国家才能获得。所以，研究者就采用了当地电话成本、长途电话成本，而对世界经济交易影响信息通信手段——互联网就放弃了。但随着互联网革命广泛地展开，国家的数据也将扩大。

企业交易成本应是指标体系中权重指标较大的指标，但交易价格指数方法的指标建立中并没有包括企业交易成本。斯莱费尔（Schleifer）等人提供的关于企业建立成本的数据对交易成本测量有大的意义，但样本数量小。企业作为制度降低交易成本的重要作用，如果这样重要的要素被包括在 TPI 中，也只能有待于样本规模的增加。另外，为了兼顾指标选择，可以用相对小的国家数目，取代 88 个国家的覆盖面。

亚历山德拉·贝纳姆和李·贝纳姆的研究到目前为止，交易成本的价格的样本规模非常小，为了解决这个问题，他们建议建立一个各项交易指标定价和如何定价的草案，然后各个国家的研究者提供各自国家的研究结果，进入合作研究以发展大的样本。这是一个有吸引力的计划，可以潜在地获得交易价格的丰富指标，包括等待时间这样的重要方面。这一方面当只考虑市场价格时是被忽视的。

充足的资金可以说也是进行交易成本经验研究的重要条件。一些专业化公司（specialized companies）提供价格数据，以帮助跨国公司移居海外工人的生活调节成本，他们的价格询问可以被扩大，代替询问猪排的价格，研究者可以询问健康保险成本和被保险公司所用的不同消费者族群的数量，作为被提到的不对称信息问题的拓展指标。也可使用诺思和威利斯形式的关于支出的数据以帮助指导指数中每个价格的权重（weighting），这样的一个基于诺思和威利斯支出份额选择指数可以获取市场形式交易价格，这也将是一个大的兴趣点。所以，确定关键的交易价格的经验工作必须继续努力。

四 具体方法

尽管近年来在国民经济层面上的交易费用的计量方面，包括交易行业方法和交易效率指数方法，已有较完善的理论框架和方法，但方法仍然比较单一，且存在很多局限性，其中可以看出交易行业方法属于简单的统计测算，没有进行深度分析，尤其缺少动态、均衡的分析。只是将整体经济活动划分为交易活动和生产转型活动，并通过加总与交易活动相关的资源消耗来获得对一国的宏观交易成本的估计值。

交易效率指数方法虽然用数学方法通过了检验，但作为基础的定性测验是薄弱的。定性测验能准确把握综合指数的本质，发挥人的主观能动性；定量测验可以发现定性测验无法察觉的一些问题。但定性测验是基础，定量测验只能作为补充，不应该过分依赖"定量筛选指标体系"的做法，因为无论用什么数学方法进行指标筛选，都不能代替人的主观判断，否则很可能得出十分荒唐的结论。

指标的权数也即各个指标在整个指标体系中相对重要性的确定合理与否对指数的质量有决定性的影响，权数值的变化可能引起测量对象顺序的改变，因而科学地确定权数在交易价格指数方法中具有决定性的作用。确定权数有诸多方法，那对交易成本或交易效率的指数测量采用什么方法合适呢？

在消费者物价指数（CPI）的情况下，关注点是整个物价水平，如消费者感觉的那样。尽管跨时间改变消费方式导致问题，支出比重强烈指明了哪个价格变动最影响消费者，支出比重并被用来给 CPI 的每个要素加权。类似地，对于股票市场的有价证券或共有基金，市场资本额被明显用来为要素加权。但在交易价格指数下，理论导向不能提供一个超前运行的加权方案。

扬尼斯（Giannias）等人提出的方法，是依靠考察来产生权数。作为将来修订的一部分，这样的程序可能令人信服地成为交易价格指数的加权方案。

诺贝克氏使用波达计数法重新计算了 HDI（人类发展指标）。在这种情况下，对于每个要素每个国家被赋予的顺序，波达计数法用来确定每个国家的整体顺序。这个加权方案在频数分布相对平坦时看起来最有用。否则，方案可能不适当地分散观测结果（在指标值差异较小的基础上），考夫曼及其他人指出它可能完全在错误边缘之内并且统计上无关紧要。已知的大多数交易成本相关数据序列急剧偏斜的性质，波达计数法对于加权交易价格指数方法要素是不适用的。

承认没有理论或其他可获得的证据来告知加权方案，并使用同量加权（简单的平均）的贝叶斯非先验方法。假定每个要素都可能是最重要的。同量加权的一个吸引人的特点是它暗示了要素替换。因此，一个低的通货膨胀分数可能被一个高的合同执行分数抵销。弗雷泽研究所在过去使用 PCA（主要素分析法），指数的作者计划将经济自由指数的未来的版本转移到同量加权。同量加权是交易价格指数方法采用的方案，特别是在考虑到没有理论或调查信息，并且考虑到波达计数法和 PCA 的缺点后不得已而为之的方法。

这个程序涉及计算潜在向量，每个要素代表总变化的一部分。计算出要素和每个因子（因子负荷）的相互关系可以用来找出权数。像计算 HDI（人类发展指标）的情况下，PCA 看起来最适用，第一个因子代表变化的大多数，几乎 85%，所有的要素与第一个因子的关系是正的。当第一个因子捕捉到更小部分的变化，而一些要素相互关系是负的，从接下来的向量获得更多的信息时，本程序是模糊的。负的关系值一般通过取它们的绝对值来转换为要素权数，但是结果意味着什么是不清楚的。本程序另外的缺点是它在理论上一些被认为非常重要的要素可能得到非常小的权数。在交易价格指数的情况下，第一个因子是大约 50% 的变化的原因，在艾根·祖齐所设立的 12 个要素中有 11 个要素的关系是正的。已知 PCA 的缺点和 PCA 应用到交易价格指数方法的结果，不是一定的，无论如何由于巧合，PCA 产生的权数，非常接近于选择的同量加权方法。

从以上的分析可以看出，指数一般面临重大的权重方法质疑，在指数非常主观的情况下或指数尝试获得更宽概念而缺乏明确定义时问题更加严重。

第五节　展　望

交易成本理论、测量和应用的研究，今后应该将研究的重点放在对交易成本和转型成本的比较上，并且要构建宏观交易成本与微观交易成本、企业交易成本与转型成本间的互动模型。运用比较的方法对不同经济体的交易费用的类型和数量从宏观与微观两个层面进行比较研究及分析，并从演化的视角去分析不同经济体间在交易费用类型和数量上差异的成因。

交易行业方法将不断在复制运用中被完善。交易价格指数方法要在一个相当长的阶段克服概念上和实践中的各种障碍，开发出对理论解释变量的量化指标体系，以能够采集和运用更多更好的数据并保证数据的整理与分析的质量。

经验研究的进步来源于理论上的进步。交易成本理论的可操作化是经验研究发展的关键因素。这种可操作化具体表现为交易成本理论将制度的选择与一些可观测的交易属性联系起来，使得理论具有可证伪性，因此产生了实证检验的理论基石。交易成本测量将随着交易成本理论的不断完善而发展。测量需要更加精练的概念，以便于收集到相关数据。要建立更好的代表性指标，就意味着需要更细致、定义更准确的概念。尤其是交易成本内涵、外延、本质特征将逐步得到相对统一并达到共识。更全面和深刻地理解交易成本理论，需要经济学者在许多领域不断开展深入的研究。交易成本测量研究将随着交易成本理论的完善而被推进。交易成本概念将随下述三个方面的问题逐渐清晰而达到共识。

一是交易成本同传统生产成本及机会成本的关系。交易成本是把各类资源投入交易过程中而不能投入其他活动中所丧失的最大收益，所以交易成本本身也是机会成本。在一些经济学家和企业家来看，总成本等于传统的生产成本与交易成本之和，分开它们是没有必要的。诺思则把交易成本作为生产成本的组成部分，在他那里，总成本即生产成本，它等于转型成本（投入转化为产出所耗费的资源）与交易成本之和。这都表明，传统生产成本与交易成本不可分。

二是交易成本同企业组织成本的关系。厂商的交易成本与组织成本不易分离，组织成本也是交易成本的一部分。

三是交易成本同制度和技术的关系。是否生产成本只与技术有关，交易成本只与制度有关，诺思对这种传统的看法提出了批评。他认为，界定、保护产权及实施合约是要耗费资源的，制度加上所利用的技术决定了这些交易成本。从投入到产出的转化不仅是所利用的技术的函数，而且也是制度的函数。可见，制度与技术共同影响着交易成本及其分析。

交易成本模型化问题的研究将得到进一步发展。缺少足够的模型是主流经济学家对新制度经济学家的主要非难，认为新制度经济学缺少数理模型来支持推理并得到可检验的预测假说。的确，模型是必要的，因为它可以把用于纷繁复杂的各种现象中高度抽象的概念转换成解释，也使特定现象具有预测能力，是理论发展和运用理论来分析经验事实这两者之间必不可少的媒介。新制度经济学中的绝大部分数学模型存在于治理结构等微观分析中，且非常简单。在宏观领域及对组织背后所隐含的全球的规则进行分析时，几乎找不到数学模型。佛雷（1970）等人试图通过对新古典微观经济学进行简单的拓展对交易成本模型化，在体制中增加交易活动，将交易成本纳入标准的完全竞争中，这种处理方法与生产活动相似。根据这种认识，交易过程可以由现存消费者和生产企业或者如批发商、零售商与金融中介来完成。采用新古典方法，可以理解诸如生产者的产品价格和消费者支付的最终价格的差额，或者银行贷款利息和存款利息之间的差额这类现象。尽管假定"交易"活动代表着"生产"过程的一种类型，可以同样按照传统生产过程的方式来构造模型，但在达尔曼（1979）看来，这种方法似乎产生了类似于在一般均衡模型中加入运输费用所得出的结果，将交易成本弄得看起来像是交通成本。今后将会加强对组织细节的关注，考虑交易成本和决策者的信息拥有情况之间的关系。在正的交易成本和某种"有限理性"形式的体制中，决策者所处的位置将会完全不同于传统上一直被作为新古典模型"初始变量"的要素。

也就是说，一旦承认正的交易成本获取信息的费用就变得很高，因为个人在获取和处理信息方面仅具有有限能力。由此，对体制所能提供的选择，每个人只具有部分的知识，而且每个人的知识禀赋不同于另外一些人，由这些新条件定义的一般均衡模型，显然完全不同于正统模型。

模型既可以用数学的形式表达，也可以用语言表达非常严格的分析框架。实际上，以往两个世纪发表的经济学成果，都很少有数学模型，在分析的基础上进行预测，而且能够为分析提供测算。构建模型可用通过修改主流经济学所形成的模型来进行。但主流经济学的模型有一些基本的前提假设条件，如完全理性，与新制度经济学观察到的经济行为的特征并不相符，对制度的分析就更加复杂。

总之，在传统经济学的启发下，新制度经济学的模型将成倍增加。当然，这些模型在初始阶段可能难以叫人满意。虽然，新制度经济学家不满意于模型建构者持有的决定论式的观点，而后者又坚守一些便利的假设，这些假设过于严格而无法克服新制度经济学存在的问题，但双方的沟通合作是需要的。可作建模依据的微观和宏观理论将不断得到论证发展。

新理论的发展往往需要收集新的数据，因为需要足够多的新数据来进行新的检验，而这些新的数据在原有的理论环境下一般无法获得。有关数据的统计采集将逐步得到解决。经验研究的先驱是从零开始来建构新的数据库的。随着理论的发展与传播，经济学家可以获得越来越多的数据，尽管收集又多又好的数据仍是一个充满挑战的问题。随着学界、工商界、政界交易成本理论及其测量重要意义认识的深入，会计及现行的国民账户体系改革将被认同和实行。现行会计和国民账户的重要弊端是重现象（资金运动）、轻本质（人与制度），重生产活动（人与自然的关系）、轻交易活动（人与人的关系），重虚拟主体（企业）、轻实在主体（利益相关者）等问题。主流的会计和国民账户结构体系已经过时，它们是在交易成本无关紧要的年代建立起来的。就像测量结果所显示的，随着经济的发展，交易费用的比例在扩大，其作用也越来越大，但账户没有体现交易成本。这在以前是可以理解的。但当交易成本在国民经济中的份额越来越大，发挥着越来越重要的作用时，交易成本就不应该不被凸显出来了。改革现行的会计和国民账户体系是自然趋势。会计和国民经济账户应以人（而不是以产品或资金运动）为核心，反映人与人之间的交易活动，以提供和披露更多反映经济活动本质的统计信息并准确地测量。从历史看，会计和国民账户体系也是随着经济的发展而改变的。当初计算国民产值一直没有体现服务价值，但服务业的比重在国民经济中的增大，服务业最后已作为重要的一项列入账户中。交易行业也必将列入国民账户中，交易费用是制度经济学的主要分析工具，也应成为会计和国民账户的基本分析工具之一。这正是政府、经济学家、统计学家及会计工作者必将面临的艰巨任务。诺思和威利斯认为，国民总产出应该被分为三个基本类别，重点放在生产、运输和交易方面的活动，只有通过这种方法，经济增长才可以被更好地理解。

在克服各种困难的基础上，将开发出对理论解释变量的量化指标。正如斯考特·E. 马斯顿所指出的：（交易费用的测量）要想真正有所进展，经济学家还必须克服概念上和实践中的各种障碍，应开发出对理论解释变量的量化指标，以能够采集和运用更多更好的数据并保证数据的整理与分析的质量，这些度量指标应能减少计量误差，提高可比性，并能消除解释变量的潜在内生性问题，取代现有文献中使用的定性排序和不精确的替代方法。

宏观测量的微观基础研究将进一步加强。虽然威廉姆森为微观企业层面计量交易费用奠定了方法论基础，但这种方法并不算出数值，是一种间接的测量。微观研究几乎都是采用比较研究的方法，且仍然停留在经验和案例层面，尚未提出一个可直接计量且经得起检验的方法。而且目前有关企业内部交易费用计量的文献较少。虽然 70 年前科斯就为我们打开了企业这个"黑箱"，但我们至今对企业内的交易成本有多大？如何测量？所知仍然甚少。因此，有关企业内部交易成本的计量研究以及企业之间的交易成本比较研究，是今后经济学者进一步努力的方向。直接估算出微观交易成本是经济学者的一个攻坚方向。因缺少微观研究基础，虽有宏观经济数据的量化分析，但是由于缺少在微观层面的细化，导致了宏观交易成本的计量难度和准确性。

对非市场交易成本的测量将构成对交易成本经济学的重要挑战。虽然近年以诺思和威利斯为代表的经济学家在宏观交易成本的测量方面已建立了比较完善的理论框架和方法，但对非市场交易成本的研究还主要停留在经验层面，尚未能发展出一个可供检验的理论方法，是值得进一步努力的研究领域。

理论研究者和实际工作者相结合，各种交叉学科的综合研究，是交易成本量化的不断深入的突破口。现阶段交易成本测量研究中，在理论发展和实践测量之间存在空档。模糊学和多元统计都属于新兴学科。理论研究者忙于基础理论体系的建立和完善，从事经济实际工作的人往往囿于专业来考虑理论的应用问题，搞测量的人对理论研究得不深。而没有吃透理论，是不能滥用、误用新方法的。法学、会计学、市场营销学、电子商务等领域已经有大量学者进行交叉研究。当然，如果没有基础性研究的突破，大部分学者仍会把研究重点放在经济计量的方法研究上。通过基础学科的交叉研究和多元统计计量方法，可以在对交易成本进行框架式的属性分析的基础上，设立计量的指标体系，对交易成本量化进行深入分析。

博弈论等研究方法需要证明适用性。实验经济学的发展应该能为交易成本经验研究提供好的途径，因为该理论在检验理性假说和设计复杂的方案来解决悖论方面已经取得了很大的进步。

在各个国家合作方面，亚历山德拉·贝纳姆和李·贝纳姆在阐述交换成本测量方法中指出：如果使用这种方法的国家之间进行更加系统的、更加协同的努力，收效将是巨大的。一个战略研究并不能提出所有的研究问题，但是在这儿推荐的是建立一个协同分析的框架，这个框架能够提供通用的可操作的定义和一个通用的研究草案。然后，不同国家的研究群体可以专注于估算本国的一个个部门的交换费用。这些估算可以用于不同群体、不同国家和不同时期之间的比较研究。如果我们发现 A 国为某种最终产品生产所需的某一种中间产品的价格是 B 国的 10 倍，那么我们不应该为 A 国不生产这种最终产品的现象而奇怪。什么地方的信息、测度和执行费用更低，交易就能够发生在更远和更长的时期中。这些差异就暗示着一个经济体系的专业化水平和最终绩效水平。这些观点同样适于宏观领域交易成本的测量的研究和实践。①

———————————

① 参见［美］亚历山德拉·贝纳姆、李·贝纳姆《交换成本的测量》，载罗纳德·N. 科斯等《制度、契约与组织》，刘刚等译，经济科学出版社 2003 年版，第 433 页。

附录　交易价格指数(TPI)

国家或地区	交易价格指数—平均 （TPI-Average）	交易价格指数—主成分 （TPI-Principal Components）
阿尔巴尼亚（Albania）	4.3	3.8
阿尔及利亚（Algeria）	5.4	4.9
阿根廷（Argentina）	6.8	6.6
澳大利亚（Australia）	8.1	8.4
奥地利（Austria）	7.8	8.2
巴林岛（Bahrain）	7.1	6.9
孟加拉国（Bangladesh）	5.2	4.8
比利时（Belgium）	7.8	8.0
玻利维亚（Bolivia）	6.1	6.1
博茨瓦纳（Botswana）	6.7	6.5
巴西（Brazil）	5.8	5.8
保加利亚（Bulgaria）	4.1	3.8
喀麦隆（Cameroon）	4.1	3.7
加拿大（Canada）	9.1	9.2
智利（Chile）	7.8	7.9
中国（China）	7.0	6.6
哥伦比亚（Colomdia）	6.6	6.3
哥斯达黎加（Costa Rica）	7.0	6.8
塞浦路斯（Cyprus）	7.9	7.7
捷克共和国（Czech Republic）	7.2	7.1

国家或地区	交易价格指数—平均 （TPI-Average）	交易价格指数—主成分 （TPI-Principal Components）
丹麦（Denmark）	8.2	8.5
厄瓜多尔（Ecuador）	5.8	5.4
埃及，阿拉伯共和国（Egypt, Arab Rep）	6.3	5.9
萨尔瓦多（El Salvador）	7.1	6.9
爱沙尼亚（Estonia）	5.7	5.6
芬兰（Finland）	8.3	8.5
法国（France）	8.3	8.5
德国（Germany）	8.0	8.2
希腊（Greece）	7.4	7.2
洪都拉斯（Honduras）	5.4	5.1
中国香港（Hong Kong, China）	8.7	8.6
匈牙利（Hungary）	6.8	6.8
冰岛（Iceland）	8.1	8.3
印度（India）	6.4	6.0
印度尼西亚（Indonesia）	7.2	6.9
爱尔兰（Ireland）	7.9	8.2
以色列（Israel）	8.1	8.1
意大利（Italy）	7.9	7.9
牙买加（Jamaica）	6.1	6.0
日本（Japan）	8.1	8.0
肯尼亚（Kenya）	4.5	4.1
朝鲜（Korea, Rep.）	8.2	8.0
拉脱维亚（Latvia）	5.3	5.1
立陶宛（Lithuania）	5.5	5.0
卢森堡（Luxembourg）	8.6	8.8
马达加斯加（Madagascar）	3.1	2.7
马拉维（Malawi）	3.5	3.1
马来西亚（Malaysia）	7.1	7.5
马里（Mali）	3.1	2.7

续表

国家或地区	交易价格指数—平均 （TPI-Average）	交易价格指数—主成分 （TPI-Principal Components）
毛里求斯（Mauritiua）	6.7	6.6
墨西哥（Mexico）	6.5	6.6
摩洛哥（Morocco）	5.4	5.2
缅甸（Myanmar）	3.6	3.5
荷兰（Netherlands）	8.6	8.8
新西兰（New Zealand）	8.4	8.7
尼加拉瓜（Nicaragua）	6.0	5.9
尼日利亚（Nigeria）	3.2	3.3
挪威（Norway）	8.4	8.6
巴布亚新几内亚（Papua New Guinea）	5.3	5.3
巴拉圭（Paraguay）	5.8	5.5
秘鲁（Peru）	6.0	5.9
波兰（Poland）	6.8	6.7
葡萄牙（Portugal）	8.2	8.1
罗马尼亚（Romania）	4.7	4.5
俄罗斯联邦（Russian Federation）	3.8	3.8
塞内加尔（Senegal）	3.6	3.3
塞拉利昂（Sierra Leone）	3.3	3.0
新加坡（Singapore）	9.0	8.9
斯洛伐克共和国（Slovak Republic）	6.9	6.7
斯洛文尼亚（Slovenia）	7.0	6.8
南非（South Africa）	7.1	7.1
西班牙（Spain）	8.1	8.0
斯里兰卡（Sri Lanka）	7.0	6.7
瑞典（Sweden）	8.3	8.5
瑞士（Switzerland）	8.5	8.7
坦桑尼亚（Tanzania）	4.5	4.4
泰国（Thailand）	7.3	7.4
特立尼达和多巴哥（Trinidad and Tobago）	7.6	7.4

续表

国家或地区	交易价格指数—平均 （TPI-Average）	交易价格指数—主成分 （TPI-Principal Components）
突尼斯（Tunisia）	5.9	5.6
土耳其（Turkey）	5.3	5.4
乌干达（Uganda）	3.9	3.8
乌克兰（Ukraine）	4.4	4.2
英国（United Kingdom）	8.1	8.5
美国（United States）	8.5	8.5
乌拉圭（Uruguay）	5.5	5.8
委内瑞拉（Venezuela）	5.3	5.1
赞比亚（Zambia）	4.5	4.5
津巴布韦（Zimbabwe）	5.2	4.8

资料来源：Eigen-Zucchi，2001。

参考文献

[1] Ackerlof, George, "The Market for Lemons Qualitative Uncertainty and the Market Mechanism", *Quarterly Journal of Economics*, No. 84, 1970, pp. 488 – 500.

[2] Aivazian, Varouj & Callen, Jeffrey, "The Coase Theorem and the Empty Core", *Journal of Law and Economics*, No. 24, 1981, pp. 175 – 181.

[3] Aiyagari, S. R. & Gertler, "Asset Returns with Transactions Costs and Uninsured Individual Risk", *Journal of Monetary Economics*, No. 27, 1991, pp. 311 – 331.

[4] Alchian, Armen, "Private Property and the Relative Cost of Tenure in Bradley", *The Public Stake in Union Power Charlottesville*, V. A. : University Press of Virginia, 1958, pp. 350 – 371.

[5] Alchian, Armen, "Some Economics of Property Rights" *Politico*, No. 30, 1965, pp. 816 – 829.

[6] Alchian, Armen, "Why Money", *Journal of Money, Credit and Banking*, No. 9, 1977, pp. 133 – 140.

[7] Alchian, Armen, "Some Implications of Recognition of Property Right Transaction Costs in Brunner", *Economics and Social Institutions*, Boston, 1979, pp. 233 – 252.

[8] Alchian, Armen & Demsetz, Harold, "Production Information Costs and Economic Organization", *American Economic Review*, No. 62,

1972, pp. 777 - 795.

[9] Allen, Douglas, "What are Transaction Costs?", *Research in Law and Economics*, No. 14, 1991, pp. 1 - 18.

[10] Allen, Douglas, & Lueck, W., "The Back-Forty on a Handshake Specific Assets, Reputation and the Structure of Farmland Contracts", *Journal of Law Economics and Organization*, No. 8, 1992, pp. 366 - 377.

[11] Allen, Douglas W. & Lueck, D., "Transaction Costs and the Design of Cropshare Contracts", *Rand Journal of Economics*, No. 24, 1993, pp. 78 - 100.

[12] Allen, Douglas W. & Lueck, D., "Risk Preferences and the Economics of Contracts", *American Economic Review Papers and Proceedings*, No. 5, 1995, pp. 447 - 451.

[13] Alston, Lee, Eggertsson, J. Thrainn & Douglass, C., *Empirical Studies in Institutional Change Cambridge*, Cambridge University Press, 1996, pp. 129 - 137.

[14] Alston, L. & Higgs, R., "Contractual Mix in Southern Agricultre since the Civil War Facts Hypotheses and Tests", *Journal of Economic History*, No. 42, 1982, pp. 327 - 353.

[15] Alston, L., Datta, S. & Nugent, J., "Tenancy Choice in a Competitive Framework with Transaction Costs", *Journal of Political Economy*, No. 92, 1984, pp. 1121 - 1133.

[16] Andersen, E., "Transaction Costs as Determinants of Opportunism in Integrated and Independent Sales Forces", *Journal of Economic Behavior and Organization*, No. 9, 1988, pp. 242 - 264.

[17] Barzel, Yoram, "An Alternative Approach to the Analysis of Taxation", *Journal of Political Economy*, No. 84, 1976, pp. 1177 - 1197.

[18] Barzel, Yoram, "Some Fallacies in the Interpretation of Information Costs", *Journal of Law and Economics*, No. 20, 1977, pp. 291 - 307.

[19] Barzel, Yoram, "Measurement Cost and the Organisation of Markets", *Journal of Law and Economics*, No. 25, 1982, pp. 27 – 48.

[20] Barzel, Yoram, "Transaction Costs: Are They Just Costs", *Journal of Institutional and Theoretical Economics*, No. 141, 1985, pp. 4 – 16.

[21] Barzel, Yoram & Kochin, L., "Ronald Coase on the Nature of Social Cost as a Key to the Problem of the Firm Scandinavian", *Journal of Economics*, No. 94, 1992, pp. 19 – 31.

[22] Baumol, William, "The Transactions Demand for Cash An Inventory Theoretic Approach Quarterly", *Journal of Economics*, No. 66, 1952, pp. 545 – 556.

[23] Benham, Alexandra & Benham, L., "Property Rights in Transition Economies", in Nelson et al., *A Commentary on What Economists Know*, 1997, pp. 35 – 60.

[24] Bensaid, B., Lesne, J. P. & Pages, H., "Derivative Asset Pricing with Transaction Costs", *Mathematical Finance*, No. 2, 1992, pp. 63 – 86.

[25] Bhardwaj, Ravinder & Leroy, Brooks, "The January Anomaly Effects of Low Share Price Transaction Costs and the Bid-ask Bias", *Journal of Finance*, No. 47, 1992, pp. 553 – 574.

[26] Boyle, P. P. & Ton, Vorst, "Option Replication in Discrete Time with Transaction Costs", *Journal of Finance*, 1992, pp. 271 – 293.

[27] Breeden, Charles H. & Toumanoff, Peter, "Transaction Costs and Economic Institutions", in Leube, K. R. & Zlabinger, A. H., *The Political Economy of Freedom*, 1984, pp. 161 – 170.

[28] Brennan, Michael, "The Optimal Number of Securities in a Risky Asset Portfolio when there are Fixed Costs of Transaction Theory and Some Empirical Results", *Journal of Financial and Quantitative Analysis*, No. 10, 1975, pp. 483 – 496.

[29] Brennan, Michael J. & Copeland, T. E., "Stock Splits Stock Prices

and Transaction Costs", *Journal of Financial Economics*, No. 22, 1988, pp. 83 – 101.

[30] Brinig, Margaret F., "The Law and Economics of No-Fault Divorce", *Family Law Quarterly*, No. 27, 1993, pp. 453 – 470.

[31] Brinig, Margaret F. & Alexeev, Michael V., "Legal Rules Bargaining and Transactions Costs: The Case of Divorce", in Nagel Stuart and Miriam K. Mills, eds., *Systematic Analysis in Dispute Resolution*, New York Quorum Books, 1991, pp. 91 – 105.

[32] Brinig, Margaret F. & Alexeev, Michael V., "Trading at Divorce: Preferences Legal Rules and Transaction Costs", *Ohio State Journal on Dispute Resolution*, No. 8, 1993, pp. 279 – 297.

[33] Buckley, Peter & Malcolm, Chapman, "The Perception and Measurement of Transaction Costs", *Cambridge Journal of Economics*, No. 21, 1995, pp. 127 – 145.

[34] Campbell, David, "On What is Valuable in Law and Economics", *Otago Law Review*, No. 8, 1996, pp. 489 – 514.

[35] Centner, Terence J. & White, F. C., "Efforts against Delinquent Borrowers: Property Interests and Transaction Costs", *Western Journal of Agricultural Economics*, No. 12, 1987, pp. 35 – 41.

[36] Cheung, Steven N. S., *A Theory of Share Tenancy*, University of Chicago Press, 1969, p. 188.

[37] Cheung, Steven N. S., "The Structure of a Contract and the Theory of a Non-exclusive Resource", *Journal of Law and Economics*, No. 13, 1970, pp. 49 – 70.

[38] Cheung, Steven N. S., "A Theory of Price Control", *Journal of Law and Economics*, No. 17, 1974, pp. 53 – 71.

[39] Christian, Eigen-Zucchi, "The Measurement of Transaction Cost", Unpublished Doctoral Dissertation, Vol. 13, 2001, http://www.coase.org/workshops manuscript.

[40] Christian, Eigen-Zucchi, "Christian towards the Development of an

Indicator of Transactions Costs", Unpublished Manuscript, 2001, http: //www. coase. org / workshops manuscript.

[41] Coase, Ronald H. , "The Task of the Society, Opening Address to the Annual Conference, September 17, 1999", *Newsletter of the International Society for New Institutional Economics*, Vol. 2, No. 2, 1999, p. 1.

[42] Coase, Ronald H. , "The Problem of Social Cost", *Journal of Law and Economics*, No. 3, 1961, pp. 1 – 44.

[43] Coase, Ronald H. , "The Institutional Structure of Production", *American Economic Review*, Vol. 4, No. 82, 1992, pp. 713 – 719.

[44] Colby, Bonni, "Transaction Costs and Efficiency in Western Water Allocation", *American Journal of Agricultural Economics*, No. 72, 1990, pp. 1184 – 1192.

[45] Collins, Bruce M. & Frank, J. Fabozzi, "A Methodology for Measuring Transaction Costs", *Financial Analysts Journal*, Vol. 2, No. 47, 1991, pp. 27 – 36.

[46] Constantinides, G. M. , "Optimal Portfolio Revision with Proportional Transaction Costs, Extension to HARA Utility Functions and Exogenous Deterministic Income", *Management Science*, No. 22, 1976, pp. 921 – 923.

[47] Constantinides, G. M. , "Mutiperiod Consumption and Investment Behavior with Convex Transaction Costs", *Management Science*, No. 25, 1979, pp. 1127 – 1137.

[48] Constantinides, G. M. , "Capital Market Equilibrium with Transaction Costs", *Journal of Political Economy*, No. 94, 1986, pp. 842 – 862.

[49] Cooter, Robert, "The Cost of Coase", *Journal of Legal Studies*, No. 11, 1982, pp. 1 – 33.

[50] Crew, M. A. & Kleindorfer, D. R. , "Governance Costs or Rate-of-Return Regulation", *Journal of Theoretical and Institutional Economics*,

No. 141, 1985, pp. 104 – 123.

[51] Davis, M. H. & Norman, A. R., "Portfolio Selection with Transaction Costs", *Mathematical Operations Research*, No. 15, 1990, pp. 676 – 713.

[52] Demsetz, Harold, "The Exchange and Enforcement of Property Rights", *Journal of Law and Economics*, No. 7, 1964, pp. 11 – 26.

[53] Demsetz, Harold, "The Cost of Transacting Quarterly", *Journal of Economics*, No. 82, 1968, pp. 33 – 53.

[54] Dermody, J. C. & Prisman, E. Z., "No Arbitrage and Valuation in Markets with Realistic Transaction Costs", *Journal of Financial and Quantitative Analysis*, No. 28, 1993, pp. 65 – 80.

[55] Djankov, Simeon, Rafael La Porta, Florencio Lopez-de-Silanes and Andrei Shleifer, "The Regulation of Entry Quarterly", *Journal of Economics*, No. 117, 2002, pp. 1 – 37.

[56] Dollery, Brian & Leong, Wai Ho, "Measuring the Transaction Sector in the Australian Economy", *Australian Economic History Review*, Vol. 3, No. 38, 1998, pp. 207 – 231.

[57] Dugger, William M., "The Transaction Cost Analysis of O. E. Williamson A New Synthesis", *Journal of Economic Issues*, No. 17, 1983, pp. 95 – 114.

[58] Dumas, B. & Luciano, E., "An Exact Solution to a Dynamic Portfolio Choice Problem under Transactions Costs", *Journal of Finance*, No. 46, 1991, pp. 577 – 595.

[59] Edirisinghe, C. Naik & Uppal, V., "Optimal Replication of Options with Transactions Costs and Trading Restrictions", *Journal of Financial and Quantitative Analysis*, No. 28, 1993, pp. 117 – 138.

[60] Eggertsson, Thrainn, "The Role of Transaction Costs and Property Rights in Economic Analysis", *European Economic Review*, Vol. 6, No. 34, 1990, pp. 450 – 457.

[61] Fisher, S., "Asset Trading, Transaction Costs and the Equity Pre-

mium", *Journal of Applied Econometrics*, No. 9, 1994, pp. 571 – 594.

[62] Foley, D. K., "Economic Equilibrium with Costly Marketing", *Journal of Economic Theory*, No. 2, 1970, pp. 276 – 291.

[63] Frech, H. Edward, "The Extended Coase Theorem and Long Run Equilibrium the Non-Equivalence of Liability Rules and Property Rights", *Economic Inquiry*, Vol. 1, No. 27, 1979, pp. 254 – 268.

[64] Frey, Bruno S. , "Comment on Barzel Transaction Costs: Are they Just Costs", *Journal of Institutional and Theoretical Economics*, No. 141, 1985, pp. 17 – 20.

[65] Fuess, Scott M. , Jr. & Hendrik, Vanden, "The Impact of Transactions Activities on U. S. Productivity Growth", *Economics Letters*, No. 38, 1992, 243 – 247.

[66] Furubotn, Eirik G. & Richter, Rudolf, *Institutions and Economic Theory the Contribution of the New Institutional EconomicsAnn Arbor*, The University of Michigan Press, 1997, pp. 63 – 74.

[67] Gennotte, G. & Jung, A. , "Investment Strategies under Transaction Costs", *The Finite Horizon Case Management Science*, No. 40, 1994, pp. 385 – 404.

[68] George, T. J. , Kaul, G. & Nimalendran, M. , "Trading Volume and Transaction Costs in Specialist Markets", *Journal of Finance*, No. 19, 1994, pp. 1489 – 1505.

[69] Globerman, S. & Schwindt, R. , "The Organization of Vertically Related Transactions in the Canadian Forest Products Industries", *Journal of Economic Behavior and Organization*, No. 6, 1986, pp. 199 – 221.

[70] Glosten, L. & Milgrom, Paul, Bid, R. , "Ask and Transaction Prices in a Specialist Market with Heterogeneously Informed Traders", *Journal of Financial Economics*, No. 14, 1985, pp. 71 – 100.

[71] Goldsmith, D. , "Transaction Costs and the Theory of Portfolio Se-

lection", *Journal of Finance*, No. 31, 1976, pp. 1127 – 1139.

[72] Grossman, Sanford J. & Hart, Oliver D. , "The Costs and Benefits of Ownership A Theory of Vertical and Lateral Integration", *Journal of Political Economy*, No. 94, 1986, pp. 691 – 719.

[73] Guia-Abiad, "Borrower Transaction Costs and Credit Rationing in Rural Financial Markets", *The Philippine Case Developing Economies*, No. 31, 1993, pp. 208 – 219.

[74] Hahn, F. H. , "Equilibrium with Transaction Costs", *Econometrica*, No. 39, 1971, pp. 417 – 439.

[75] Hahn, F. H. , "On Transaction Costs, Inessential Sequence Economies and Money", *Review of Economic Studies*, No. 40, 1973, pp. 449 – 461.

[76] Hart, Oliver D. & Moore, John, "Property Rights and the Nature of the Firm", *Journal of Political Economy*, No. 98, 1990, pp. 1119 – 1158.

[77] Heller, W. & Starr, R. , "Equilibrium with Non-convex Transaction Costs Monetary and Non-monetary Economies", *Review of Economic Studies*, No. 43, 1976 , pp. 195 – 215.

[78] Hendrik, P. Van Dalen & Aico P. Van Vuuren, "Greasing the Wheels of Trade a Profile of *The DUTCH* Transaction Sector", *De Economist*, No. 153, 2005, pp. 139 – 165.

[79] Hennart, Jean-Francois, Anderson, E. & Anderson, Erin, "Countertrade and the Minimization of Transaction Costs An Empirical Examination", *Journal of Law, Economics and Organization*, No. 9, 1993, pp. 290 – 313.

[80] Hobbs, Jill & William, Kerr, "Transaction Costs in the Current State of Economic", *Science Edited by Shri Bhagwan Dahiya*, Virender Singh, Vol. 4, No. 21, 1999, pp. 11 – 33.

[81] Hsiung, Bingyuang, "Sailing Towards the Brave New World of Zero Transaction Coasts", *European Journal of Lawand Economics*, No. 1,

1999, pp. 53 – 69.

[82] Huberman, Gur, "Dividend Neutrality with Transaction Costs", *Journal of Business*, No. 63, 1990, pp. 93 – 107.

[83] Jensen, M. & Meckling, W., "Theory of the Firm: Manegerial Behavior Agency Costs and Ownership Structure", *Journal of Financial Economics*, No. 3, 1976, pp. 305 – 360.

[84] Johnson, Simon, Kaufmann, Daniel. and Shleifer, Andrei, "The Unofficial Economy in Transition", *Brookings Papers on Economic Activity*, No. 2, 1997, pp. 59 – 239.

[85] Joskow, Paul L., "Vertical Integration and Long-Term Contracts the Case of Coal-Burning Electric Generating Plants", *Journal of Law, Economics and Organization*, 1985, pp. 33 – 80.

[86] Joskow, Paul L., "Contract Durationand Relationship-Specific Investments. Empirical Evidence from Coal Markets", *American Economic Review*, No. 77, 1987, pp. 168 – 185.

[87] Joskow, Paul L., "Price Adjustment in Long-Term Contracts the Case of Coal", *Journal of Law and Economics*, No. 31, 1988, pp. 47 – 83.

[88] Joskow, Paul L., "The Performance of Long-term Contracts Further Evidence from Coal Markets", *Rand Journal of Economics*, No. 21, 1990, pp. 251 – 274.

[89] Joskow, Paul, "The Role of Transaction Cost Economics in Antitrust and Public Utility Regulatory Policies", *Journal of Law, Economics, and Organization*, No. 7, 1991, pp. 121 – 155.

[90] Kamin, J. H., "Optimal Portfolio Revision with a Proportional Transaction Cost", *Management Science*, No. 21, 1975, pp. 1263 – 1271.

[91] Kan, Steven S., "Entrepreneurship Transaction Costs and Subjectivist Economics", *Journal of Enterprising Culture*, Vol. 2, No. 1, 1993, pp. 159 – 182.

[92] Kan, Steven S. & Hsiao, "Ding-Way Contracts in Tsing Dynasty to

Build Irrigation System at Lan-Yang Plain A Transaction Cost Analysis",
Journal of Agricultural Economics (*Chinese*), No. 59, 1996, pp.
111 – 157.

[93] Kan, Steven S. & Hwang, Chun-Sin, "A Form of Government Organization from the Perspective of Transaction Cost Economics", *Constitutional Political Economy*, No. 7, 1996, pp. 197 – 220.

[94] Klaes, Matthias, "The birth of the Concept of Transaction Costs Issues and Controversies", *Industrial and Corporate Change*, Vol. 4, No. 9, 2000, pp. 567 – 593.

[95] Klaes, "The History of the Concept of Transaction Costs Neglected Aspects", *Journal of the History of Economic Thought*, Vol. b, No. 22, 2000, pp. 191 – 216.

[96] Kurz, M. , "Equilibrium in a Finite Sequence of Markets with Transaction Costs", *Econometrica*, Vol. a, No. 42, 1974, pp. 1 – 20.

[97] Kurz, M. , "Arrow-Debreu Equilibrium of an Exchange Economy with Transaction Costs", *International Economic Review*, Vol. b, No. 15, 1974, pp. 699 – 717.

[98] Leffler, Keith B. & Rucker, Randal R. , "Transaction Costs and the Organization of Production Timber Contracts", *Journal of Political Economy*, No. 99, 1991, pp. 1060 – 1087.

[99] Leland, Hayne E. , "On Consumption and Portfolio Choices with Transaction Costs", in Balch McFadden and Wu (eds.), *Essays on Economic Behavior under Uncertainty*, Amsterdam, North-Holland, 1974, pp. 184 – 191.

[100] Leland, Hayne, "Option Pricing and Replication with Transaction Costs", *Journal of Finance*, No. 11, 1985, pp. 1283 – 1301.

[101] Lesmond, David, Ogden, Joseph and Trzcinka, Charles, "A New Estimate of Transaction Costs", *The Review of Financial Studies*, Vol. 5, No. 12, 1999, pp, 1113 – 1141.

[102] Levy, David T. , "The Transactions Cost Approach to Vertical In-

tegration an Empirical Examination", *Review of Economics and Statistics*, No. 67, 1985, pp. 438 – 445.

[103] Levy, H. , "Equlibrium in an Imperfect Market A Constraint on the Number of Securities in the Portfolio", *American Economic Review*, No. 68, 1978, pp. 643 – 658.

[104] Litzenberger, R. H. & Rolfo, J. , "Arbitrage Pricing Transaction Costs and Taxation of Capital Gains A Study of Government Bonds with the Same Maturity Date", *Journal of Financial Economics*, No. 13, 1984, pp. 337 – 361.

[105] Lueck, Dean & Allen, Douglas, "Transaction Costs and the Design of Cropshare Contracts Rand", *Journal of Economics*, Vol. 1, No. 24, 1993, pp. 78 – 100.

[106] Lund, J. R. , "Transaction Risk Versus Transaction Costs in Water Transfers", *Water Resources Research*, No. 29, 1993, pp. 3103 – 3107.

[107] Magill, M. J. P. & Constantinides, G. M. , "Portfolio Selection with Transactions Costs", *Journal of Economic Theory*, No. 13, 1976, pp. 245 – 263.

[108] Masten, Scott E. , Meehan, James W. , Jr. & Snyder, Edward, "Vertical Integration in the U. S. Auto Industry A Note on the Influence of Transaction Specific Assets", *Journal of Economic Behavior and Organization*, No. 12, 1989, pp. 265 – 273.

[109] Masten, Scott E. , Meehan, James W. , Jr. & Snyder, Edward, "The Costs of Organization, Journal of Law", *Economics and Organization*, 1991, pp. 71 – 125.

[110] Mayshar, "Transaction Costs in a Model of Capital Market Equilibrium", *Journal of Political Economy*, No. 87, 1979, pp. 673 – 700.

[111] Mayshar, "Transaction Costs and the Pricing of Assets", *Journal of Finance*, No. 36, 1981, pp. 583 – 597.

[112] McCann, Laura & Easter, K. William, "Transaction Costs of

Policies to Reduce Agricultural Phosphorous Pollution in the Minnesota River", *Land Economics*, Vol. 3, No. 73, 1997, pp. 402 – 414.

[113] McManus, "The Cost of Alternative Economic Organization", *Canadian Journal of Economics*, No. 8, 1975, pp. 334 – 350.

[114] Montero, Juan-Pablo, "Marketable Pollution Permits with Uncertainty and Transaction Costs", *Resource and Energy Economics*, Vol. 1, No. 20, 1997, pp. 27 – 50.

[115] Montero, Niehans Jurg, "Transaction Costs in the New Palgrave", *A Dictionary of Economics*, No. 6, 1987, pp. 76 – 79.

[116] Niehans, "Money and Barter in General Equilibrium with Transaction Costs", *American Economic Review*, No. 61, 1971, pp. 773 – 783.

[117] North, Douglass C. & Weingast, "Barry, Constitutions and Commitment the Evolution of Institutions Governing Public Choice in Seventeenth Century England", *Journal of Economic History*, No. 49, 1989, pp. 803 – 832.

[118] North, Douglass C., "Institutions Transaction Costs and Economic Growth", *Economic Inquiry*, Vol. 50, 1987, pp. 419 – 428.

[119] North, Douglass C., "Economy Performane through Time", *American Review*, Vol. 84, June, 1994, pp. 359 – 368.

[120] Pesaran, M. H. & Timmermann, "Forecasting Stock Returns an Examination of Stock Market Trading in the Presence of Transaction Costs", *Journal of Forecasting*, No. 13, 1994, pp. 335 – 367.

[121] Repullo, "The Core of an Economy with Transaction Costs", *Review of Economic Studies*, No. 40, 1988, pp. 447 – 458.

[122] Schlag, Pierre, "The Problem of Transaction Costs", *Southern California Law Review*, No. 62, 1989, pp. 1661 – 1699.

[123] Schultz, "Transaction Costs and the Small Firm Effect", *Journal of Financial Economics*, No. 12, 1983, pp. 81 – 88.

[124] Shaffer, S., "Structuring an Option to Facilitate Replication with

Transaction Costs", *Economic Letters*, No. 31, 1989, pp. 183 – 187.

[125] Shelanski, Howard & Klein, Peter, "Empirical Research in Transaction Cost Economics A Review of the Evidence", *The Journal of Law, Economics and Organization*, Vol. 2, No. 7, 1995, pp. 335 – 361.

[126] Shelanski, H. & Klein, P. , "Empirical Research in Transaction Cost Economics: A Review and Assessment", *Journal of Law, Economics and Organization*, No. 11, 1995, pp. 335 – 361.

[127] Smiley, Robert H. , "Tender Offers, Transactions Costs and the Theory of the Firm", *Review of Economics and Statistics*, Vol. 1, No. 58, 1976, pp. 22 – 32.

[128] Stavins, R. N. , "Transaction Costs and Tradable Permits", *Journal of Environmental Economics and Management*, No. 29, 1995, pp. 133 – 148.

[129] Stoll, Hans & Whaley, Robert, "Transaction Costs and the Small Firm Effect", *Journal of Financial Economics*, No. 12, 1983, pp. 57 – 79.

[130] Stout, Lynn A. , "Technology, Transactions Costs and Investor Welfare Is a Motley Fool Born Every Minute", *Washington University Law Quarterly*, No. 75, 1997.

[131] Tobin, James, "The Interest-Elasticity of Transactions Demand for Cash", *Review of Economics and Statistics*, Vol. 3, No. 38, 1956, pp. 241 – 247.

[132] Ulph, A. M. & Ulph, D. T. , "Transaction Costs in General Equilibrium Theory, A Survey", *Economica*, No. 42, 1975, pp. 355 – 372.

[133] Vannoni, Davide, "Empirical Studies of Vertical Integration: The Transaction Cost Orthodoxy", *International Review of Economics and Business*, Vol. 1, No. 49, 2002, pp. 113 – 141.

[134] Wallis, J. & North, C. , "Measuring the Transaction Sector in the American Economy 1870 – 1970", in Stanley, L. Engerman and Rob-

ert, E. Gallman, *Long Term Factors in American Economic Growth*, U-niversity of Chicago Press, 1986, pp. 95 – 161.

[135] Wilcox, J. W. , "The Effect of Transaction Costs and Delay on Per-formance Drag", *Financial Analysts Journal*, No. 49, 1993, pp. 45 – 54.

[136] Williamson, Oliver, "The Vertical Integration of Production Market Failure Considerations", *American Economic Review*, No. 61, 1971, pp. 112 – 123.

[137] Williamson, Oliver, *Markets and Hierarchies Analysis and Anti-trust Implication A Study in the Economics of Internal Organization*, New York Free Press, 1975, p. 286.

[138] Williamson, Oliver, "Franchise Bidding for Natural Monopolies-in General and with Resect to CATV", *Bell Journal of Economics*, No. 7, 1976, pp. 73 – 104.

[139] Williamson, Oliver, "Transaction-Cost Economics The Govern-ance of Contractual Relations", *Journal of Law and Economics*, No. 22, 1979, pp. 233 – 261.

[140] Williamson, Oliver E. , *The Economic Institutions of Capitalism Firms Markets Relational Contracting*, New York Free Press, 1985, p. 450 .

[141] Williamson, Oliver E. , "A Comparison of Alternative Approaches to Economic Organization", *Journal of Institutional and Theoretical Eco-nomics*, No. 146, 1990, pp. 61 – 71.

[142] Williamson, Oliver E. , "Public and Private Bureaucracies a Trans-action Cost Economics Perspectives", *Journal of Law Economics and Organization*, Vol. 15, 1999, pp. 306 – 342.

[143] Williamson, Oliver E. , "Transaction Cost Economics How it Works; Where it is Headed", *De Economist*, Vol. 1, No. 146, 1998, pp. 23 – 58.

[144] Williamson, "The New Institutional Economics: Taking Stock Loo-

king Ahead", *Journal of Economic Literature*, Vol. 3, No. 38, 2000, pp. 595 – 613.

[145] Wohar, Mark, "Alternative Versions of the Coase Theorem and the Definition of Transaction Costs", *Quarterly Journal of Business and Economics*, Vol. 1, No. 27, 1988, pp. 3 – 19.

[146] 安德鲁·斯通、布莱恩·利维和里卡多·帕雷德斯：《交易成本与经济发展——公共制度与私人交易：对巴西和智利商业交易的法律与管制环境的比较分析》，载李·J. 阿尔斯通等编《制度变革的经验研究》，罗钟伟译，经济科学出版社 2003 年版。

[147] 埃里克·弗鲁博顿、鲁道夫·瑞切特：《新制度经济学——一个交易费用分析范式》，姜建强、罗长远译，格致出版社 2012 年版。

[148] 奥利弗·E. 威廉姆森：《资本主义经济制度——论企业签约与市场签约》，商务印书馆 2002 年版。

[149] 奥利弗·E. 威廉姆森、斯科特·马斯腾：《交易成本经济学经典名篇选读》，李自杰、蔡铭等译，人民出版社 2008 年版。

[150] 陈志昂、廖仁炳：《中国交易成本与经济增长关系的实证分析》，《商业经济管理》2000 年第 9 期。

[151] 大卫·科兰德、罗杰·E. 巴克豪斯：《通过数字建立的经济学的艺术》，张大宝、李刚等译，经济科学出版社 2000 年版。

[152] 高帆：《交易效率、分工演进与二元经济转化结构》，上海三联书店 2007 年版。

[153] 金玉国：《中国交易成本水平的地区差异及其形成机制》，《当代财经》2005 年第 6 期。

[154] 金玉国、崔友平：《经济发展、体制转型与交易成本》，《财经科学》2006 年第 2 期。

[155] 金玉国、张伟：《1991—2002 年我国外在性交易成本统计测算——兼论体制转型绩效的计量》，《中国软科学》2005 年第 1 期。

[156] 柯武刚、史漫飞：《制度经济学——社会秩序与公共政策》，韩朝华译，商务印书馆 2002 年版。

[157] 李萍、马庆：《我国交易行业交易效率及其影响因素——基于

2004—2011 年省际数据的随机前沿生产函数分析》，《财经科学》2013 年第 4 期。

[158] 迈克尔·迪屈奇：《交易成本经济学——关于公司的新的经济意义》，王铁生等译，经济科学出版社 2000 年版。

[159] 沈满洪、张兵兵：《交易费用理论综述》，《浙江大学学报》2013 年第 3 期。

[160] 谢娜：《住房信息搜寻与隐性交易成本研究》，经济科学出版社 2014 年版。

[161] 杨小凯、张永生：《新兴古典经济学与超边际分析》，中国人民出版社 1999 年版。

[162] 袁庆明：《微观与宏观交易费用测量的进展及其关系研究》，《南京社会科学》2011 年第 3 期。

[163] 约翰·R. 康芒斯：《制度经济学》上册，于树生译，商务印书馆 1997 年版。

[164] 张连成：《交易成本的结构与内涵分析》，硕士学位论文，浙江工商大学，2011 年。

[165] 赵红军：《交易效率——衡量一国交易成本的新视角》，《上海经济研究》2005 年第 11 期。

[166] 赵红军：《交易效率城市化与经济发展》，博士学位论文，复旦大学，2005 年。

[167] 张五常：《交易成本的范式》，《社会科学战线》1999 年第 1 期。

[168] 张睿：《中国证券与期货市场微观结构研——交易费用改变对市场微观结构影响的实证研究》，博士学位论文，西南财经大学，2013 年。

[169] 钟富国：《交易成本对经济表现之影响：两岸三地之比较》，硕士学位论文，台湾中山大学，2003 年。

[170] 张杨：《吉林省第二产业外在性交易费用测算的实证研究——基于 2003—2012 年数据的分析》，《当代经济研究》2014 年第 6 期。